Robert von Schlagintweit

Neue Pfade von Missouri-Strom zum Stillen Meere

Ein Wegweiser durch Kansas, Colorado, Neu-Mexiko u. Arizona nach Californien

Robert von Schlagintweit

Neue Pfade von Missouri-Strom zum Stillen Meere
Ein Wegweiser durch Kansas, Colorado, Neu-Mexiko u. Arizona nach Californien

ISBN/EAN: 9783743416659

Hergestellt in Europa, USA, Kanada, Australien, Japan

Cover: Foto ©Andreas Hilbeck / pixelio.de

Manufactured and distributed by brebook publishing software
(www.brebook.com)

Robert von Schlagintweit

Neue Pfade von Missouri-Strom zum Stillen Meere

Neue Pfade

vom

Missouri-Strom zum Stillen Meere.

Ein Wegweiser

durch

Kansas, Colorado, Neu-Mexiko u. Arizona

nach Californien

von

Robert von Schlagintweit,

Verfasser von: „Die Pacific-Eisenbahn" — „Californien, Land und Leute" — „Die Mormonen" — „Die Prairien des amerikanischen Westens" — Die amerikanischen Eisenbahn-Einrichtungen u. s. w.

· — · — ·

Köln und Leipzig.
Eduard Heinrich Mayer.
1883.

Vorwort.

Die vorliegende Broschüre enthält einen unveränderten Abdruck der Aufsätze: „Die Südpacificbahn in Nordamerika", die ich vor wenigen Monaten aus völlig freiem Antriebe, ohne jegliche Anregung von irgend einer Seite, in der im Verlage von Eduard Heinrich Mayer zu Köln und Leipzig erscheinenden naturwissenschaftlichen und geographischen Zeitschrift „Gaea" (18. Jahrgang 1882) veröffentlicht habe. Dem mir ausgedrückten, mich sehr erfreuenden Wunsche, sie auch weiteren Kreisen zugänglich zu machen, bin ich um so lieber nachgekommen, als ein gründlicher Kenner der von mir besprochenen Gegenden und Verhältnisse, der sich vorübergehend in Europa aufhaltende, S. 3 u. 19 ausführlicher erwähnte Herr C. B. Schmidt die Güte hatte, meinem Texte etliche, die allerneueste Zeit betreffende Erläuterungen in Anmerkungen beizufügen und die vorliegende Schrift mit zwei kleinen, aber anschaulichen Karten, sowie zwanzig charakteristischen Illustrationen zu schmücken.

Mögen diese Blätter dazu beitragen, Belehrung über jene in Deutschland noch sehr wenig bekannten entfernten Gegenden des amerikanischen Westens und Südwestens zu verbreiten, von denen manche mit einem überaus fruchtbaren, bis jetzt aber vielfach noch nicht bebauten Boden gesegnet und andere nicht nur an wertvollen Metallen und großartigen Naturschönheiten, sondern auch an Überresten einer alten Kultur reich sind, die sowohl dem Altertumsforscher ein lohnendes Feld wissenschaftlicher Forschung gewähren, als auch den Laien mit Staunen und Bewunderung erfüllen. Daß überdies später die hier geschilderten Gebiete eine große Bedeutung für die menschlichen Kulturverhältnisse erlangen werden, erscheint mir außer allem Zweifel.

Gießen, im Großherzogtum Hessen, im Februar 1883.

Robert von Schlagintweit.

Wappen von Californien.

Die neue Pacific-Bahn.

1. Einleitung. — Der Ausgangspunkt der Bahn.*)

Die freundliche Aufnahme, die meine Beschreibung der Pacificbahn im sechsten Bande der „Gaea", sowie ihre spätere Veröffentlichung in Buchform gefunden hat, ermutigt mich, in den nachstehenden Blättern nunmehr auch in einfacher und allgemein-verständlicher Weise die Südpacificbahn zu schildern, jene große amerikanische Linie, die quer durch das ausgedehnte Gebiet der Vereinigten Staaten von Osten nach Westsüdwesten hindurchgehend und daher südlich von der seit längerem bereits (10. Mai 1869) eröffneten Pacificbahn gelegen, am 17. März 1881 dem öffentlichen Verkehre übergeben ward, eine neue zweite Schienenverbindung zwischen dem atlantischen Ocean und dem stillen Meere herstellt und wiederum ausgedehnte Gebiete des interessanten amerikanischen Westens erschließt. Diese große und wichtige, bis jetzt in Deutschland sehr wenig bekannte neue Linie hatte ich Gelegenheit, wenige Monate vor ihrer Vollendung mit Ausnahme einer kleinen, damals noch nicht fertigen Strecke zweimal ihrer ganzen Ausdehnung nach zu bereisen, so daß meine Mitteilungen hierüber fast ausschließlich auf eigenen Anschauungen und persönlichen Wahrnehmungen beruhen. Die der allerneuesten Zeit angehörenden Daten verdanke ich teils der Güte zweier höherer Beamten der Bahn, nämlich der Herren C. B. Schmidt, europäischen Generalagenten (Hauptbureau: London, E. C., Queen Anne's Chambers, 62, Holborn Viaduct) und W. F. White zu Topeka in Kansas, teils habe ich sie den Wochenausgaben der größeren deutsch-amerikanischen Zeitungen entnommen.

Im weiteren Sinne des Wortes aufgefaßt beginnt die Südpacificbahn in New York; ihre Länge von da nach San Francisco in Californien beträgt

---

*) Alle Höhenangaben sind in englischen Fußen ausgedrückt. — 1m = Kilometer. 1 Kilometer = 0.621382 englische Meile, log. 9.7935590; 1 englische Meile = 1.609315 Kilometer, log. 0.2064410.

5935 km, die der Schnellzug in acht Tagen und acht Nächten ununterbrochener Fahrt zurücklegt,*) wogegen die ältere Pacificbahn — es ist hierunter die aus der Union-Pacific- und Centralpacificbahn zusammengesetzte Linie gemeint, die von Omaha in Nebraska über Cheyenne, Ogden und Sacramento nach San Francisco führt und die auf Jahre hinaus die kürzeste Entfernung zwischen dem atlantischen Ocean und dem stillen Meere bilden wird — um nahezu 700 km kürzer ist, da ihre Länge zwischen New York und San Francisco gegenwärtig 5243 km beträgt, die wir mit dem Schnellzuge in sieben Tagen und sieben Nächten durcheilen.

Der gar nicht zu bestreitende Nachteil der größeren Länge der Südpacificbahn wird jedoch durch gewichtige, sofort in die Augen fallende Vorzüge aufgehoben. So wird namentlich im Winter die Südpacificbahn stets einen bedeutenden Zuzug von Reisenden zu verzeichnen haben: denn die Schneemassen, die sich in dieser Jahreszeit ihrer nördlichen Rivalin, d. h. der alten Pacificbahn, so oft mehr oder minder störend in den Weg gestellt haben, die in Verbindung mit Schneewehen mehr als einmal die Ursache bedeutender und höchst unliebsamer Verspätungen waren, sind auf der südlichen Linie nur in einzelnen Prairieregionen zu fürchten, und auch da nur dann, wenn abnorme, vielleicht je alle zehn Jahre eintretende Witterungsverhältnisse vorkommen. Die Südpacificbahn hat keine Schneedächer und keine Schneewälle, überhaupt keine Schutzvorrichtungen gegen Schnee; denn auf ihr herrscht im tiefsten Winter längs ausgedehnter Strecken ein äußerst angenehmes, frühlingsartiges Wetter, das freilich im Hochsommer zuweilen in bedeutende Hitze übergeht.

Als einen weiteren Vorzug der neuen Linie muß ich bezeichnen, daß die von ihr durchzogenen Landschaften nur hie und da, aber keineswegs wie auf der Pacificbahn, auf ausgedehnte Strecken die reinsten Wüsten sind, sondern ungleich mehr Abwechslung bieten, ja, zuweilen sogar landschaftliche Reize aufweisen. Dagegen fehlt uns freilich auf der Südpacificbahn, obschon auch sie auf hunderte von Kilometern in Höhen von 5000 bis 6000 Fuß sich bewegt und einmal sogar 7688 Fuß erreicht, die einzig schöne, geradezu wunderbare Fahrt über die prächtige in Californien gelegene Sierra Nevada, deren wir uns auf der Pacificbahn zu erfreuen haben.

Nicht minder sind auf dem neuen südlichen Überlandwege die alten historischen Stätten von Interesse, die nicht nur dem Altertumsforscher und Ethnologen ein geradezu unerschöpfliches Feld lohnendster wissenschaftlicher Thätigkeit gewähren, sondern auch den Laien mit Staunen und Bewunderung erfüllen. Denn in unmittelbarer Nähe der Bahn sind zahlreich anzutreffen in Felsen eingegrabene rätselhafte Inschriften, ferner ältere Bauwerke einer früheren Kulturepoche und mannigfache Überbleibsel und Ruinen nunmehr dahingeschwundener Kulturrassen, wie Azteken und Tolteken — was Alles der alten Pacificbahn gänzlich fehlt, die überhaupt in dieser Hinsicht im Vergleich mit der südlichen Linie geradezu interesselos erscheint.

Im engeren, richtigen Sinne aufgefaßt, beginnt die Südpacificbahn im amerikanischen Westen, und zwar am rechten Ufer des Missouriflusses, wo sie zwei Ausgangspunkte hat, nämlich den einen zu Atchison

---

*) Dem neuesten Fahrplan gemäß ist die Zeitdauer einer ununterbrochenen Fahrt von New York nach San Francisco vermittelst der Südpacificbahn über Kansas City und Deming genau 7 Tage 10 Stunden 45 Minuten.

im Staate Kansas und den andern südsüdöstlich hiervon gelegenen, ungleich wichtigeren, zu Kansas City im Staate Missouri; beide vereinigen sich zu Topeka in Kansas, das von Atchison 81.3 und von Kansas City 107.2 km entfernt liegt. Zusammengesetzt ist die Südpacificbahn aus zwei großen Gesellschaften. Die eine, die den sonderbaren oder besser gesagt, höchst unglücklichen und von manchem Leser dieser Zeilen wohl noch nie gehörten Namen Atchison-, Topeka- und Santa Fe-Bahn führt (man

Die Überlandroute „sonst."

spricht Atchison und Topika, mit dem Accent auf dem i) — die Bezeichnung „Santa Fe-Bahn" würde vollständig ausreichen — erstreckt sich von Kansas City in Missouri, das bei Weitem größer und bedeutender als die Stadt Atchison allgemein als Ausgangspunkt angenommen wird, nach Deming in Neu Mexiko in einer Ausdehnung von 1849 km; ihr schließt sich dann an die von Deming nach San Francisco in Californien führende 1926 km lange Südpacificbahn von Arizona und Californien. Die Santa

Die Überlandroute „jetzt."

Fe Bahn (wie ich von nun ab der an Deutlichkeit nichts einbüßenden Kürze halber die Atchison-, Topeka- und Santa Fe-Bahn heiße), nebenbei bemerkt, später auch eine der wichtigsten in das Innere von Mexiko führenden Linien, wurde fast ausschließlich von reichen Kapitalisten der großen Handelsstadt Boston in Massachusetts gebaut, die Südpacificbahn von Arizona und Californien von ebensolchen Personen, die in Californien, vorzugsweise in San Francisco, ihren Wohnsitz haben.

Kansas City, der Ausgangspunkt der Südpacificbahn, der auf dem nächsten zur Zeit möglichen Wege 2160 km westlich von New York entfernt liegt, d. i. nahezu ebenso weit wie Köln am Rhein von St. Petersburg an der Newa, eine Stadt, die sich so fabelhaft gehoben hat, daß man sie heute das „Chicago des Missourithales" heißt, ist vorzugsweise auf den steilen Anhöhen erbaut, die das rechte Ufer des hier sehr breiten, einen mächtigen Bogen bildenden Missouri begrenzen, und zwar da, wo der Kansas oder Kaw (sprich Ka mit sehr tiefem a) in ihn sich ergießt. Sie liegt im Jackson Kreise des Staates Missouri, würde aber weit besser dem so überaus nahen Staate Kansas einverleibt werden, zu dem sie auch in Folge socialer Verhältnisse und Beziehungen naturgemäß gehört.*) Ihre Geschichte ist in mehrfacher Beziehung belehrend und interessant.

Im Jahre 1855 lebten nämlich daselbst etwa 600 Menschen; noch im Jahre 1860 (also vor zwei Decennien), als Kansas City (damals fast allgemein Kansas City geschrieben) 4418 Einwohner zählte und mit dem nahegelegenen Wyandotte, Harlem und Independence und den entfernteren Orten Atchison, Leavenworth und St. Joseph heftig nicht etwa nur um den Vorrang, sondern überhaupt um ihr Dasein stritt, konnte wohl Niemand eine Vorstellung von dem Aufschwunge haben, den sie nach und nach genommen hat. Im Juni 1857, wo Albert D. Richardson die Stadt besuchte, fand er sie aus einer Anzahl elender, teilweise zerfallener Shanties und Hütten bestehend, die gleichwie mehrere Zelte längs dem rechten (südlichen) Ufer des Missouri errichtet waren; die wenigen unansehnlichen Ziegelhäuser, auf die er stieß, konnten den Eindruck nicht verwischen, daß man hier eine in den ersten Anfängen begriffene Ansiedelung vor sich habe. Und jetzt? Nach dem im Juni 1880 gemachten Census zählte sie 55,813 Einwohner, die heute sicher bis auf 60,000 angewachsen sind. Und was sehr zu beachten — auch die allernächste Umgebung von Kansas City, ist ebenfalls stark bevölkert. Da liegt Harlem der Stadt gerade gegenüber am linken (nördlichen) Ufer des Missouri; Armstrong mit seinen ausgedehnten Maschinenwerkstätten, sowie das größere, von Armstrong nördlich gelegene Wyandotte sind von ihr nur durch den Kawfluß getrennt, befinden sich aber, gleichwie das südliche Rosedale, bereits im Staate Kansas.

Kansas City besteht aus zwei sehr ungleichen Teilen, nämlich dem unteren und kleineren, an den Flußufern erbauten, und dem oberen und größeren, der sich hoch über dem Wasserspiegel auf von Bäumen und Wäldern bekränzten Hügeln und Bergen erhebt. Die untere Stadt ist leider bei Hochwasser Überschwemmungen ausgesetzt: eine solche, und zwar eine großartige, trat im Frühjahr 1881 ein. Die Flut erreichte ihren Höhepunkt in den letzten Tagen des April. Mindestens 6000 Menschen waren eine Zeit lang obdachlos und litten bittere Not, zu deren Linderung rasch 3500 Dollars gesammelt waren. Die Geleise fast aller Eisenbahnen standen

---

*) Der Wunsch der Bevölkerung von Kansas City, ihre Stadt dem Staate Kansas einverleibt zu sehen, ist ein so allgemeiner, daß diese Angelegenheit schon wiederholt in den Legislaturen von Missouri und Kansas erörtert worden, aber ein Entscheid bis jetzt stets an der Größe der von Missouri geforderten Entschädigungssumme gescheitert ist. — Die Stadt hat sich überdies seit dem Besuche des Verfassers über die Grenze von Missouri nach dem Staate Kansas hinein ausgebreitet und in diesem eine, von Missouri völlig unabhängige, Organisation gebildet. Kansas City in Kansas zählt bereits weit über 5000 Einwohner und enthält viele ansehnliche, öffentliche und Privatbauten.

mehr oder weniger unter Wasser und der Verkehr mit dem Osten war mehrere Tage hindurch fast gänzlich eingestellt. Denn der untere Stadtteil ist der Vereinigungspunkt nahezu aller in Kansas City einlaufenden Bahnen, deren hier nicht weniger als zwölf münden.

In diesem Stadtteil liegt auch der Centralbahnhof, das „Union-Depot", wie es hier genannt wird. Man kann sich denken, welch außerordentlich reges Leben hier, wo alle in Kansas City einlaufenden Bahnen (mit Ausnahme einer einzigen) ankommen und abgehen, den ganzen Tag über herrscht. Dieser Centralbahnhof, in welchem sich sogar ein sehr gutes Hotel befindet, ist einer der schönsten, geräumigsten und besteingerichteten im ganzen amerikanischen Westen und bildet eine Zierde der Stadt. Ihm gegenüber sind die Bureaux (Offices) verschiedener Bahnen in Häusern untergebracht, die durch ihre Größe und Bauart grell gegen fast alle hier sonst vorhandenen abstechen: denn längs dem Flußufer hat vorzugsweise die ärmere, überwiegend aus Negern, dann auch aus Chinesen bestehende Bevölkerung ihre höchst einfachen, zuweilen halbverfallenen Wohnstätten in Straßen errichtet, die in hohem Grade unsauber und schmutzig sind. Dazwischen stoßen wir dann auf Schenk- und Trinkstuben „Saloons" genannt, oder hauptsächlich von Einwanderern besuchte Herbergen niederen Ranges, ferner auf Schlächtereien und Kramladen mancherlei Art. Kansas City hat nämlich großartige, mit Dampfmaschinen und allen sonstig-nötigen Einrichtungen versehene Etablissements zum Schlachten von Vieh, Einpöckeln und Versenden desselben. Namentlich ist der Umsatz in Schweinen sehr erheblich, jedenfalls der größte längs des ganzen Missouri. Außer diesen bedeutenden Schlächtereien verdienen noch einige Fabriken in Kansas City Erwähnung, die in ungeheueren Mengen Biskuits herstellen.

Ganz anders aber nimmt sich der obere, weit größere Teil von Kansas City aus, zu dem vom Bahnhofe aus mehrere unter Aufwand von vielen Kosten mittels tiefen Einschnitten oder Abgrabungen hergestellte, ziemlich steile Straßen hinaufführen. Im Laufe der Zeit wird man zweifelsohne den oberen Stadtteil mit dem unteren durch die eine oder andere der höchst merkwürdigen Drahtseilbahnen (inclined plain railways) verbinden, wie deren mehrere in Cincinnati vorhanden sind.

In dem oberen Stadtteile von Kansas City finden wir eine erhebliche Anzahl großer Häuser, unter denen namentlich einige Bankgebäude hervorragen, mehrere Hotels ersten Ranges (Coates, St. James, Lindell u. a.), elegante Laden, riesige Warenlager aller Art, ein zweitausend Personen Platz gewährendes Opernhaus — mit einem Worte Alles, was wir eben gewohnt sind, in einer größeren amerikanischen Stadt anzutreffen.

Übrigens hat doch Kansas City die Spuren seiner Jugend auch heute noch nicht völlig verwischen können. So sind fast alle, vielfach von Pferdeeisenbahnen durchzogenen Straßen, die durchwegs breit und gerade, aber keineswegs eben, sondern mehr oder minder hügelig sind, bis jetzt noch ungepflastert; nach einem starken Regengusse, der sie nahezu grundlos macht, ist es oft geradezu schwierig, sie zu begehen. Selbst eine Fahrt in einem offenen oder halbgeschlossenen Wagen ist dann nichts weniger als angenehm, da wir von unseren oder den uns begegnenden Pferden mehr als einmal durch große lehmige Klumpen beschmutzt werden. Vielfach sind hier die Straßen von Reitern durchzogen, die, wenn sie absteigen und ein Haus betreten, ihre Tiere an Pfosten anbinden, deren in jeder Straße gar manche vorhanden sind.

Wie in allen westlichen amerikanischen Städten ist auch in Kansas City der Bürgersteig (das Trottoir) nur ausnahmsweise gepflastert oder mit Steinplatten versehen, sondern in der Weise hergestellt, daß er mit Bohlen oder Brettern belegt wird, die jedoch nie der Länge, sondern stets der Breite nach befestigt werden. Es ist dies eine sehr einfache, äußerst reinliche, zweckentsprechende und überdies rasch herzustellende Einrichtung, die nur zuweilen — aber nicht einmal immer — dann gefährlich sich erweist, wenn eine größere Feuersbrunst verheerend die Straßen einer mit solchen Holztrottoirs versehenen Stadt hindurchzieht.

Die Bevölkerung von Kansas City ist sehr gemischt; es gibt unter ihr nicht nur viele hochangesehene Deutsche — Herr Henry C. Rumpf, aus dem hessischen Odenwalde stammend, war Jahre hindurch Schatzmeister (Comptroller) der Stadt — und zahlreiche, höchst achtbare Amerikaner, sondern auch, wie bereits erwähnt, gar manche Neger und Chinesen. Überdies bringen die vielen in Kansas City mündenden Eisenbahnen aus allen Gegenden der Windrose, ja sogar aus verschiedenen Weltteilen Menschen herbei; daß sich unter ihnen hie und da gefährliche Abenteurer und Schwindler befinden, ist ebenso wenig zu verwundern, wie daß hier gar manche der wüsten Gesellen und Gestalten vorkommen, die für den amerikanischen Westen so charakteristisch sind. Überhaupt ist das Leben hier schon wesentlich von St. Louis, der größten Stadt Missouri's, verschieden; es ist schon ziemlich rauh oder besser gesagt roh; denn während der schönen Jahreszeit kann man nahezu mit Sicherheit darauf rechnen, daß jeden Sonntag drei oder vier Raufereien, Stechereien oder Schießereien stattfinden, darunter leider gar manche mit tötlichem Ausgang.

II. Die Atchison-, Topeka- und Santa Fe-Bahn.

Wie bereits Eingangs dieses Aufsatzes erwähnt, wurde die Südpacificbahn am 17. März 1881 dem allgemeinen Verkehre eröffnet. Der erste direkte Zug verließ Kansas City am genannten Tage Abends 10 Uhr von dem oben geschilderten Centralbahnhofe aus, begrüßt von dem lauten Jubel einer zahlreichen, freudig erregten Volksmenge. Der Zug bestand aus sieben Wagen, die alle gut besetzt waren; vierzehn Reisende hatten Billete nach San Francisco oder größeren californischen Orten. Wie damals, so sind auch jetzt die Züge der Santa Fe-Bahn mit allen Bequemlichkeiten ausgestattet, namentlich mit Schlafwagen. Aus einem später darzulegenden Grunde wird jedoch der Hotel- oder Restaurationswagen dem Zuge regelmäßig nicht beigegeben. Die Räder der geräumigen und schweren Wagen sind nicht aus Eisen, sondern aus Papiermaché gefertigt, das manche Vorzüge bietet.

Kaum haben wir den schönen und geräumigen Bahnhof von Kansas City verlassen, als wir schon den Staat Kansas betreten. Die erste Station daselbst — Turner, 11,4 km von unserem Ausgangspunkte entfernt — ist ein unbedeutender, unweit des rechten oder südlichen Ufers des Kaw oder Kansasflusses erbauter Ort. *)

Mitten durch blühende Gefilde und zahlreiche Baumgruppen, mit einem Worte, durch eine hochkultivierte Gegend, die man ihrer Fruchtbarkeit halber den „Goldenen Gürtel" (englisch „Golden Belt") nennt, führt uns unsere weitere Reise immer das südliche Kawufer entlang (vorüber an den Stationen Choteau, Wilder, De Soto-Junction, De Soto und Eudora**) nach der 65,2 km von Kansas City entfernten, etwa 8700 Einwohner zählenden Stadt Lawrence, die, hochberühmt wegen der in ihr in neuerer Zeit vorgekommenen merkwürdigen Ereignisse, den Beinamen „Historic City" sich errungen hat. Als in den Jahren 1854–56 die Sklavenfrage ganz Kansas in hohem Grade aufregte, war Lawrence der einzige Ort im damaligen Territorium, den man auch deshalb „City of Freedom" nannte, wo man ohne augenscheinliche Gefahr gegen die Sklaverei sprechen konnte. Die Stadt wurde von einigen aus den Neuengland-Staaten kommenden Personen gegründet, die am 1. August 1854 mit ihren Ochsenwagen eintrafen und ihr Lager da, wo heute die Staatsuniversität sich befindet, aufschlugen. ***) Während der ersten Monate hieß der Ort Wakarusa oder

---
*) Zwischen Kansas City und Turner sind im Jahre 1881 von einer Actiengesellschaft ausgedehnte Silberschmelzwerke errichtet worden, um die sich die bereits ansehnliche Stadt „Argentine" gruppiert hat.
**) Eudora hat eine ausschließlich deutsche Bevölkerung von etwa 800 Seelen.
***) Die ausgedehnten Gebäude der Staats-Universität wurden mit einem Kostenaufwande von 200,000 Dollars erbaut, wozu die Stadt Lawrence die eine Hälfte und der Staat die andere hergab.

Neu-Boston: die Missourier nannten ihn scherzweise Yankee Town; den
Namen Lawrence erhielt die Stadt definitiv am 1. Oktober 1854 zu Ehren
von Amos A. Lawrence aus Boston, der ihr dann 10,000 Dollars zu
Erziehungszwecken schenkte. Bereits am 10. Januar 1855 ward die erste
öffentliche Schule eröffnet, deren Besuch Jedermann unentgeltlich freistand.

Die vielen merkwürdigen Ereignisse, die sich in Lawrence begaben,
die aufregenden Scenen bei Wahlen, die mancherlei Totschläge und
Morde, die aus politischen Meinungsverschiedenheiten verübt wurden, eingehend zu schildern, würde hier zu weit führen. Nur des schrecklichsten
Schlages, der die unglückliche Stadt am 21. August 1863 traf, will ich
hier Erwähnung thun. Unter der Anführung von William C. Quantrill,
einem bekannten Parteigänger und Rebellen-Guerillaführer, zogen am
frühen Morgen dieses Tages eine Anzahl von Mordbrennern nach Lawrence,
tödteten 180 wehrlose Bürger, plünderten die Stadt und vernichteten
Eigentum im Werte von zwei Millionen Dollars. Doch erholte sich die
Stadt sehr rasch wieder; heute ist sie eine der ruhigsten, friedlichsten und
blühendsten von ganz Kansas.

Kansas Staats-Universität zu Lawrence.

Immer weiter entlang das rechte Kawufer, vorüber an Kulturen und
Waldbeständen aller Art, erreichen wir das 107. km westlich von Kansas
City gelegene Topeka, die Hauptstadt von Kansas.

Topeka (sprich Topika mit dem Accent auf dem i), ein indianisches
Wort, das nach einer Version „kleine Kartoffel" bedeuten soll, wurde im
November 1854 von Charles Robinson und C. K. Holliday aus-
gelegt. Wie jung überhaupt der ganze heutige Staat Kansas ist, obwohl
er gegenwärtig nahezu eine Million Einwohner enthält (996,096 nach
dem im Juni 1880 vorgenommenen Census), möge daraus ersehen werden,
daß das erste weiße Kind, das innerhalb seiner Grenzen geboren wurde,
am 11. Juli 1832 das Licht der Welt erblickte, und zwar in dem heutigen,
an den Staat Missouri angrenzenden Kreise Johnson. Dieses Kind, der
jetzige Oberst Alexander S. Johnson, hat die hohen Erwartungen, die
man auf es setzte, vollauf erfüllt; denn Herr Johnson ist gegenwärtig
der hochgeachtete, zu Topeka wohnende Landkommissär der Santa Fe-Bahn.

Topeka, dessen Einwohnerzahl sich im Juni 1880 auf 15,451 Seelen
belief, ward am 5. November 1861 zur politischen Hauptstadt von Kansas

erwählt. Von dem schönen Kapitol, das die Stadt später schmücken soll, fand ich im Sommer 1880 etwa den vierten Teil vollendet und in Benützung. Am Eingang zum Seitenflügel befindet sich ein sehr schöner Brunnen mit Broncefiguren. Es werden noch manche Jahre verstreichen, ehe der Prachtbau fertig dasteht. Doch waren eine große Anzahl von Arbeitern eifrig mit dem weiteren Ausbau beschäftigt: es herrschte damals überhaupt eine ungewöhnlich rege Baulust, die ich als ein erfreuliches Zeichen für den weiteren Aufschwung der Stadt betrachtete. Namentlich in der breiten Kansas Avenue (der Hauptstraße) wurden viele neue solide Häuser errichtet. Hier hatte man oft manchen Umweg zu machen, um

Straßenscene in Topeka.

den auf den Trottoirs lagernden Baumaterialien aus dem Wege zu gehen. Die Beschaffenheit der gerade ausgelegten und breiten Straßen, von denen keine einzige bis jetzt gepflastert oder Nachts beleuchtet ist,*) steht hier noch weit hinter Kansas City zurück. Weisen auch überhaupt zur Zeit die Straßen der kleineren Städte des amerikanischen fernen Westens eine merkwürdige Ähnlichkeit mit den durch ihren Schmutz, ihre Kotlachen und tiefen Löcher berühmten ungarischen Städten auf, so besteht doch in sofern ein gewaltiger Unterschied, daß die amerikanischen Städte innerhalb

*) Topeka wird jetzt durch sieben 150 Fuß hohe elektrische Leuchttürme erleuchtet, und das elektrische Licht (Brush-System) ist in fast sämtlichen öffentlichen Gebäuden, Hotels und in vielen Kaufstäden in Anwendung. — Ein ausgedehntes System von Pferde- bahnen ist im Jahre 1880 in Betrieb gesetzt und seitdem beträchtlich erweitert worden.

zehn, höchstens zwanzig Jahren mit den schönsten Trottoirs und gepflasterten Straßen versehen sein werden, während die Beschaffenheit der Straßen ungarischer Städte aller Wahrscheinlichkeit nach auch noch nach hundert Jahren unverändert dieselbe sein wird.

In unmittelbarer Nähe des Kapitols ist das unter der protestantischen Episcopalkirche stehende „College of the sisters of Bethany" für junge und reifere Mädchen. Es besteht aus einem stattlichen, wenn auch aus einfachen Materialien hergestellten Hauptgebäude nebst einigen kleineren Häusern, und ist von einem großen, eingezäunten Spiel- und Rasenplatz umgeben. Die Anstalt machte auf mich einen sehr angenehmen Eindruck. Die Mädchen, die ich zu Gesicht bekam, waren heiter und munter und sahen blühend und rosig darein.

Größer noch als die eben beschriebene Erziehungsanstalt ist das vom Kapitol zu Topeka etwa 3½ km entfernte, unter der Kongregational-Kirche stehende Washburn College für Knaben; damit verbunden ist Hartford Cottage (nicht College) für junge Damen.

Die zu den Bahnhöfen (deren Topeka zwei hat, nämlich den der Santa Fé-Bahn und den von da ziemlich entfernten der Kansas-Pacificbahn) von der Stadt führenden Hauptstraßen gewähren im Sommer häufig einen eigentümlichen, und in mancher Beziehung fesselnden Anblick deshalb, weil sie dann gar nicht selten von großen Herden von Rindern belebt sind, die von den sogenannten „Cowboys" behufs ihrer Einschiffung an die betreffenden Bahnhöfe getrieben werden. Diese Cowboys, die Viehtreiber, keine Knaben, sondern Erwachsene, die Knechte der Herdenbesitzer, ziehen unwillkürlich unsere Aufmerksamkeit durch ihre sonderbare, stets verwahrlost aussehende Tracht auf sich, deren Hauptbestandteile aus einem weichen, dunkelbraunen Filzschlapphute mit mächtiger Krempe, einem farbigen Flanellhemde, und hohen, fast immer über und über schmutzigen Stiefeln bestehen. Diese stets mit Revolvern bewaffneten, sehr verwildert dareinsehenden Cowboys, in manchen Gegenden, namentlich im südlichen Colorado, in Neu-Mexiko und Arizona, wie wir noch sehen werden, geradezu der Schrecken für die ruhige, betriebsame Bevölkerung, üben ihr Geschäft nie anders als zu Pferde aus, die spanische, mit breiten, hölzernen Steigbügeln versehene Sättel aufgelegt haben. Die Leute tragen mächtige Sporen, die beim Gehen wie eiserne Fesseln klirren, führen stets eine mehr oder minder gefüllte Schnapsflasche mit sich und zeichnen sich durch eine geradezu wunderbare Geschicklichkeit im Lenken ihrer zuweilen sehr störrischen Viehherden aus.

Bei Topeka verläßt die Santa Fé-Bahn die Ufer des Kaw oder Kansasflusses und trachtet in südwestlicher Richtung das von da 270 km entfernte Arkansasthal, oder wie es nunmehr amtlich genannt wird, Arkansawthal (A in Ar tief auszusprechen und zu betonen, aw lautet wie ein tiefes a) zu erreichen. Von Topeka bis Reading geht die Bahn während 74,2 km in fast genau südlicher, von da bis Emporia, der volkreichsten, unweit des linken Ufers des Cottonwoodflusses erbauten Stadt in südwestlicher Richtung. Dann führt uns unsere Reise im Allgemeinen westlich längs des nördlichen (linken) Teiles des ungemein fruchtbaren und an lieblichen Scenerien aller Art reichen Cottonwood nach Florence, das in seinen Kalksteinbrüchen ein höchst schätzbares Baumaterial liefert. Florence, 270 km von Kansas City entfernt, auf einer welligen, mit

Bäumen besetzten Prairie erbaut, zieht auch deshalb unsere Aufmerksamkeit auf sich, weil in seiner Nähe, hauptsächlich nordwestlich gelegen, eine Anzahl blühender Mennoniten-Ansiedelungen vorhanden sind, denen wir später noch mehrfach längs der Santa Fe-Bahn begegnen.

Gnadenau, Mennonitisches Dorf in Kansas, 3 Jahre alt

Die ersten Mennoniten, die früher im südlichen Rußland ansässig waren, das sie jedoch, weil nach dem neuen Militärgesetze auch sie zur Wehrpflicht herangezogen wurden, in großen Scharen verließen, kamen Ende September 1873 nach dem Staate Kansas. Ihnen folgten rasch eine große Zahl von Glaubensgenossen. Gegenwärtig mag sich die Gesamtzahl der in Kansas lebenden Mennoniten auf etwa neuntausend Seelen belaufen. Um Politik kümmern sich diese Leute nicht; sie haben wenig Umgang mit Deutschen und Amerikanern, sondern leben für sich allein zurückgezogen in Kolonien und kleinen Dörfern, die meistens nur aus einer einzigen Straße bestehen. Die Kirche dient zugleich als Schulhaus. Ganz in der Nähe der Wohnungen, die fast immer mit einem kleinen Gemüsegarten umgeben sind, dehnen sich nun ihre Felder, Äcker und Wiesen aus, die sie in musterhafter Weise bewirtschaften; auf dem vor ihnen noch gar nicht bebauten, also völlig rohen Boden haben sie bereits große Erfolge aufzuweisen. Doch finden wir unter ihnen auch Handwerker der verschiedensten Art.

Der nächste größere Ort von Bedeutung, dem wir nach Florence begegnen (wo, nebenbei bemerkt, die Bahn das Cottonwoodthal verläßt), ist die 325.₅ km von Kansas City gelegene Stadt Newton. Es ist dies ein von Mennoniten-Niederlassungen

umsäumter, vielversprechender Ort, von wo aus eine Zweigbahn nach dem 43.₅ km entfernten Wichita abgeht, der Metropole des südwestlichen Kansas.*)

---

*) Die Wichita Zweigbahn ist seitdem längs des Arkansas Stromes bis Arkansas City, an der Südgrenze von Kansas, weiter gebaut worden, von wo aus in nächster Zeit direkte Verbindung mit dem Bahnsystem der Südstaaten hergestellt werden soll.

270 km durchzieht die Bahn, ehe sie, im Allgemeinen eine südwestliche Richtung einschlagend, von Topeka aus bei Hutchinson den Arkansasfluß erreicht. Die Landschaften, die sie von Topeka bis Hutchinson befährt, sind nicht nur stellenweise reich an Kohlen und Bausteinen, sondern auch sehr fruchtbar und vielfach kultiviert und besiedelt. Überhaupt ist diese Region nunmehr, obschon sich auf ihr noch vor dreißig Jahren kaum einige Dutzend weiße Menschen befunden hatten, in Folge der Anlegung und Erbauung von Ortschaften und Städten, der Anpflanzung von Bäumen aller Art und der ausgedehnten Kulturen so verändert, daß auf ihr der ursprüngliche Prairie-Charakter kaum mehr zu erkennen ist. Denn großartig und überaus tief eingreifend sind die Umwandlungen, die sich von den unaufhaltsam und stetig vordringenden Ansiedelungen aus wie Wellenkreise über die Prairien verbreiten. Die Landschaft wird hierdurch in kurzer Zeit weit vollständiger umgewandelt, als dies in anderen, mit schwer auszurodenden Wäldern bedeckten Gegenden im Laufe von Jahrzehnten möglich ist. Kaum, daß der Pflug die Scholle gelockert hat, wandern, teils mit dem Samen der Kulturpflanzen gebracht, teils selbstständig auf dunkeln, geheimnisvollen, wohl nie aufzuklärenden Wegen neue Pflanzenarten ein, von denen allerdings gar manche nach nur kurzem Bestande wieder zu Grunde gehen, wogegen andere herrlich gedeihen, üppig wuchern und neue Züge in das früher so trostlos-einförmige Bild der Prairie bringen.

Von Hutchinson bis La Junta – eine Entfernung von 542.₂ km – durchziehen wir nun in fast genau ost-westlicher Richtung das große, 7 bis 27 km breite Arkansasthal, und zwar von Hutchinson bis Coolidge*), der Grenzstadt von Kansas, während 402.₇ km auf der linken (nördlichen) und von Coolidge, gleich nachdem wir den Staat Colorado betraten, bis La Junta während 139.₅ km auf der rechten (südlichen) Seite, vielfach dicht an das Flußufer herantretend, zuweilen jedoch 1 bis 3 km entfernt davon.

Das breite Thal bietet uns längs der großen Strecke, während der wir es befahren, an Naturschönheiten und in landschaftlicher Beziehung so gut wie Nichts. Der Arkansasfluß hat meistens ganz flache, selten nur bewaldete Ufer; die von ihm durchzogene, ganz baumlose Prairie ist fast niemals wellig oder hügelig, sondern – für das Auge wenigstens – auf ausgedehnte Flächen so eben wie eine Tischplatte: sie steigt, wie überhaupt durchweg die Prairie in Kansas, langsam, aber stetig von Osten nach Westen an. Es liegen über dem Meeresspiegel die bereits geschilderten Orte:

Ort	Fuß	Ort	Fuß
Kansas City	765	Florence	1277
Lawrence	840	Newton	1433
Topeka	904	Hutchinson	1482
Emporia	1161		

und die noch zu besprechenden, im Staate Kansas an der Santa Fe-Bahn liegenden Orte:

Ort	Fuß	Ort	Fuß
Larned	2018	Lakin	3020
Dodge City	2499	Coolidge	3418
Cimarron	2655	La Junta in Colorado	4117

*) Coolidge, so benannt zu Ehren eines ehemaligen Präsidenten der Santa Fe Bahn hieß vormals Sargent, unter welchem Namen es auch noch auf den meisten Eisenbahnkarten zu finden ist.

Das fruchtbare, bis jetzt nur teilweise und spärlich besiedelte Arkansasthal, sowie die ihn begrenzende weite Prairie, in der jetzt nur vereinzelt, meist in unmittelbarer Nähe der Bahn, kleine Dörfer und Ansiedelungen vorhanden sind, wird später zweifelsohne eine der größten und reichsten Kornkammern ganz Nordamerika's werden. Anzeichen hierzu sind manche vorhanden. So hatte im Jahre 1872 der Reno Kreis (County), worin das bereits erwähnte Städtchen Hutchinson gelegen ist, insgesamt nur 894 Acker in Kultur, die jedoch im Jahre 1877 bereits auf 79,298 angewachsen waren. Natürlich ging damit die Zunahme der Bevölkerung Hand in Hand; besagter Kreis zählte 1875 5112, drei Jahre später aber bereits 11,528 Einwohner. Doch werden noch viele, viele Jahrzehnte verstreichen, ehe das ausgedehnte Arkansasthal auch nur annähernd so dicht bevölkert sein wird, wie gegenwärtig die menschenleersten Teile Deutschland's. So groß auch, namentlich in neuerer Zeit, die Einwanderung nach Amerika ist, so verschwindet sie eben doch in dem ungeheueren oceangleichen Lande, worin sie sich verteilt, zunächst vollständig. Es ist eben gerade so, als ob man von einer bedeutenden Zunahme einer etwa 20,000 Einwohner zählenden Stadt sprechen wollte, weil sich seit gestern in ihr drei Personen mehr dauernd niedergelassen haben.

Deutsche Prairie-Farm bei Newton in Kansas.

So viel steht übrigens außer aller Frage, daß Jedermann, der die feste Absicht hat, als Landwirt mit den Seinigen auszuwandern, nur dringend geraten werden kann, sich nach dem amerikanischen Westen zu begeben, wo er von der Santa Fé-Bahn (und auch anderen Bahngesellschaften) um billigen Preis, gegen Ratenzahlungen, ganz seinen Wünschen und Neigungen gemäß, eine schöne Fläche Landes erwerben kann.*) Die weiten Räume des Arkansasthales, wie überhaupt die westlichen Prairien, bieten Tausenden einen Erwerbszweig, geben Tausenden die willkommene Gelegenheit zur Gründung eines eigenen Herdes, zur Erlangung einer freien unabhängigen Stellung, zur Erreichung eines verhältnismäßig sorgenfreien Lebens, zur Entfaltung einer ersprießlichen, in jeder Beziehung lohnenden Thätigkeit, die mit geringen Mitteln begonnen werden kann.**)

Von Indianern, die sich früher der Entwickelung dieser Gegenden zu wiederholten Malen überaus störend in den Weg stellten, ist gegenwärtig nicht das Mindeste mehr zu fürchten. Denn nunmehr sind die Rothäute

---

*) Siehe Anzeige der Atchison-, Topeka- und Santa Fé-Eisenbahn-Gesellschaft am Ende der Broschüre.
**) Wer sich über die kulturelle Entwickelung von Kansas, sowie über Art und Weise des Land-Erwerbs daselbst zuverlässig informieren will, dem ist anzuraten, sich an Herrn C. B. Schmidt, General-Agenten der Santa Fé-Bahn in Newton, Kansas oder in London, 62, Holborn Viaduct E. C. brieflich zu wenden.

aus ganz Kansas so gut wie verschwunden; man hat sie nicht etwa vernichtet, sondern bewogen, sich in anderen Gebieten niederzulassen, in denen bis jetzt noch wenig Weiße anzutreffen sind. Nur nach den südlichen Teilen von Kansas, wie namentlich nach dem bereits erwähnten Wichita, kommen zuweilen von dem nahegelegenen Indianerterritorium her einige Rothäute, die aber durchaus friedfertiger Natur sind. Noch im Jahre 1870 sah es freilich in Betreff der Indianer in Kansas wesentlich anders aus wie heute.

Unter den Städten, die wir zur Zeit im Arkansasthale zwischen Hutchinson und Coolidge antreffen, sind Great Bend, Larned, Garfield und Dodge City hervorzuheben: letzterer Ort, der von Kansas City 593,₂ km entfernt ist, erfreut sich im ganzen amerikanischen Westen einer wahrhaft traurigen Berühmtheit wegen des furchtbar-rohen Lebens, das in seinen Mauern Jahre hindurch herrschte — übrigens entstand der Ort erst im August 1872 — und auch heute noch hie und da zum gewaltsamen Durchbruche kommt. Nach Dodge City werden nämlich von Süden her, von Texas, in kolossalen Herden die wegen ihrer prachtvollen Hörner und ihres guten Fleisches berühmten texanischen Rinder getrieben, um zunächst auf den saftigen Weiden von Kansas sich zu erholen und das auf

Great Bend, eine Prairie-Stadt in Kansas.

der weiten Reise verlorene Fleisch wieder anzusetzen. Sind sie nach einigen Monaten gemästet, dann kommen sie wieder nach Dodge City, um von hier mit der Bahn nach dem Osten oder Westen versandt zu werden. Dodge City ist eben ein Hauptstapelplatz für den Handel mit Vieh, Büffelhäuten und Fellen aller Art, Hörnern, Knochen u. s. w. Von hier gehen ferner in ganzen Karawanen Frachtwagen mit Waren verschiedenster Art beladen nach dem Indianerterritorium und Texas. Der Zusammenfluß von Viehhändlern, Viehtreibern (den bereits geschilderten Cowboys), Fuhrleuten, Büffeljägern, falschen Spielern, desperaten Charakteren und Gelichter aller Art ist von jeher hier ganz kolossal gewesen. Wirtshaus, Billard- und Tanzsalon, Schenkstube, Spielhölle, reiht sich so zu sagen eine an die andere. Diese rohe, aus wüsten Gesellen bestehende Bande im Zaume zu halten, wäre geradezu unmöglich, würde nicht das Lynchgesetz hier, wie überhaupt in ganz Kansas und allen von der Südpacificbahn durchzogenen Staaten und Territorien Geltung haben. Nicht nur in Dodge City, auch in vielen anderen Orten besteht ein Sicherheitsausschuß, ein sogenanntes Vigilanzkomité, das Ruhe und Ordnung aufrecht erhält und die Schuldigen mit unerbittlicher Strenge bestraft. Händel-, zank- und streitsüchtige Individuen und falsche Spieler werden von den Mitgliedern dieses Ausschusses, die sich auch häufig „Regulatoren der Gesellschaft" heißen, keineswegs jedoch öffentlich bekannt sind, sondern nach Art der früheren deutschen Fehmgerichte ihre Thätigkeit in geheimnisvolles Dunkel hüllen, kurzweg ausgewiesen, Räuber, Mörder, Einbrecher und ähnliches Gelichter ohne weitere Umstände kunstgerecht gehängt. Doch mag es ängstlichen Gemütern und namentlich zartbesaiteten Damen zur Beruhigung dienen, daß bis jetzt auf den westlichen Prairien keiner gelyncht wurde, der nicht mit Fug und Recht zweifach den Galgen verdient hatte.*)

Etwa 10 km östlich von Dodge City, dicht am linken Ufer des Arkansasflusses, liegt das Vereinigte Staaten Fort gleichen Namens. Mehrfach bereits stießen uns während unserer Reise mit der Santa Fe-Bahn solche militärische Forts auf, die früher sehr wichtig waren, um die raublustigen Indianer im Zaume zu halten, die aber nunmehr, da die Rothäute auf dieser ganzen Strecke so gut wie verschwunden sind, ihre ehemalige große Bedeutung eingebüßt haben und im Laufe der Zeit wohl gänzlich eingehen werden. Gar manche dieser Forts habe ich besucht. In einer argen Täuschung wäre befangen, wer annähme, es seien die Forts nach allen Regeln der

Texanisches Vieh auf dem Wege nach Dodge City.

Kriegskunst befestigt. Befestigungen im strengen Sinne des Wortes sind bei keinem Fort anzutreffen. Ein Fort im amerikanischen Westen besteht im Allgemeinen aus einer mehr oder minder großen Anzahl höchst einfacher Holzhäuser und Baracken, die, ein weites Rechteck umfassend, nach einem bestimmten Systeme aufgestellt sind. Man erblickt überall große Sauberkeit und Reinlichkeit und wird zuweilen durch die behagliche Einrichtung des

---

*) Was den Staat Kansas anbelangt, so gehört die Lynch-Justiz jetzt zu den seltenen Erscheinungen und beschränkt sich auf den fernsten Westen, wo die Bevölkerung noch spärlich und die Rechtspflege noch mit großen Umständen verbunden ist. Selbst in Dodge City haben sich in den letzten zwei bis drei Jahren infolge der wachsenden Ansiedelungen in der Umgegend die gesellschaftlichen Verhältnisse bedeutend verbessert. — Dodge City wird nicht mehr lange der Verladungsplatz für die texanischen Rinder bleiben können, weil das Herzutreiben des Viehes durch die immer dichter werdenden Ackerbau-Ansiedelungen erschwert wird. — Es steht zu erwarten, daß schon die nächste Staats-Legislatur die Grenze, bis zu welcher das texanische Vieh in Kansas zu Verladungszwecken getrieben werden darf, weiter nach dem Südwesten verschieben wird. — Die städtischen Beamten in Dodge City sind jetzt in der Mehrzahl Deutsche und ihnen ist es zu verdanken, daß jetzt innerhalb der Stadtgrenzen das Tragen von Waffen verboten ist. Viele der bedeutendsten Viehzüchter im südwestlichen Kansas haben sich in letzterer Zeit auch dahin geeinigt, nur solche Hirten und Treiber bei ihren Herden anzustellen, die sich verpflichten, keine Revolver zu führen.

Innern der von außen ungemein anspruchslos sich ansehnenden Gebäude überrascht. Vorzugsweise wird Kavallerie zur Besatzung verwendet; denn Infanterie ist auf den weiten Prairien, wo man sie scherzweise Fußläufer heißt, fast gar nicht zu gebrauchen.

Die nicht sowohl aus Amerikanern, als vorzugsweise vielmehr aus Irländern, dann Polen, Schweizern, Österreichern und etlichen Deutschen bestehenden Soldaten — sie werden auf die Dauer von fünf Jahren angeworben, — die um so weniger ihre viele freie Zeit hinzubringen wissen, als der militärische Dienst in der Vereinigten Staaten Armee keineswegs ein so strammer ist, wie in den Heeren europäischer Nationen, kämpfen vergeblich oft gegen die tötlichste Langweile, die manche von ihnen hoffen, durch übermäßigen Genuß von Spirituosen besiegen zu können. Das Leben in diesen Forts ist für Officiere sowohl als für Mannschaften geradezu trostlos. Desertionen kommen massenhaft vor, obschon die Behandlung der Soldaten von Seiten ihrer Vorgesetzten eine sehr humane ist, und sind fast immer erfolgreich; die Fälle, wo Fahnenflüchtige eingefangen werden, gehören zu den größten Seltenheiten und Ausnahmen.

Von Dodge City bis zur Grenzstadt Coolidge, eine Entfernung von 186.₂ km, immer das linke Arkansasufer entlang, finden wir zur Zeit keinen einzigen Ort von Bedeutung. Die Stationen, deren zwischen den beiden genannten Städten zwölf vorhanden sind — unter ihnen Garden City und Lakin als die wichtigsten, — bestehen im Allgemeinen nur aus den nötigen Bahnhofsgebäuden und etlichen in der Nähe errichteten Wohnhäusern. Es ist eine echte, ganz reizlose, nahezu völlig ebene Prairiegegend in ihrer vollen Ursprünglichkeit, die wir hier durchziehen; tausende von Acker Landes weisen scheinbar nicht die geringste Unebenheit auf. Diese Regionen galten bisher überhaupt zum Ackerbau wegen Mangels an Regen geradezu für ungeeignet, der um so spärlicher wird, je mehr wir uns den Felsengebirgen nähern, die allerdings von hier (Dodge City) immerhin gegen 450 km westlich entfernt sind.

Ganz anders jedoch gestalten sich in diesen Gegenden die Verhältnisse da, wo eine künstliche Bewässerung eingeführt ist. Die natürliche Beschaffenheit des oberen Arkansasthales ist nun von einer Art, daß ohne besondere Schwierigkeit künstliche Bewässerung eingeführt werden kann. Bereits haben sich mehrere Gesellschaften zu diesem Zwecke gebildet. Schon hat die „Große Östliche Bewässerungsgesellschaft" 10 km westlich von Lakin einen 30 Fuß breiten und 3 Fuß tiefen Kanal angelegt, der auf die englische Meile einen Fall von 3¼ Fuß hat und, wenn nach und nach verlängert, im Stande sein wird, die mehreren Kreisen nöthige Bewässerung mit geringen Kosten für die Farmer zu liefern.

Die Bewässerungsarbeiten erstrecken sich auch auf viele, bis jetzt von Ansiedlern noch nicht in Besitz genommene Ländereien, die im Arkansasthale zwischen den Stationen Cimarron und Lakin gelegen sind — die Entfernung zwischen diesen beiden Orten beträgt 85.₇ km, und teils dem Staate, teils der Santa Fe-Bahn gehören. Wenngleich bis jetzt alle diese Bewässerungsanstalten noch in ihren Anfängen sind, so ist doch zu erwarten, daß sie in Bälde ausgedehnt und vervollkommnet werden, und bei der Energie und dem unternehmungslustigen Kapital der Amerikaner ist die Vermutung gerechtfertigt, daß es nicht lange dauern wird, bis sich dieser ganze westliche Theil von Kansas in fruchtbares Ackerland umgewandelt hat.*)

Ehe uns die Bahn in der Nähe von Coolidge — es liegt 783.₂ km von Kansas City entfernt — aus Kansas entführt, habe ich der Vollständigkeit halber noch auf eine in diesem Staate seit einiger Zeit vorhandene Eigentümlichkeit aufmerksam zu machen, die diesem gesegneten amerikanischen Gebiete eine wahrhaft traurige Berühmtheit verschafft hat. Schon während meiner Anwesenheit in Kansas (im Sommer 1880) zeigten sich daselbst die Anfänge einer lebhaften Bewegung zu Gunsten der Temperenzler. Im Bismarck-Grove, einem interessanten Gehölz (etwa 4 km entfernt von dem S. 9 geschilderten Lawrence), das wiederholt zu kirchlichen und weltlichen Zusammenkünften benützt ward, fand im letzten Drittel des August 1880 eine der für den Staat Kansas folgenschwersten Versammlungen statt. Denn da kamen die wütendsten und fanatischsten Temperenzler von ganz Kansas und auch von anderen Staaten herbei, alle von dem wahnsinnigen Gedanken beseelt, aus Kansas das Maine des amerikanischen Westens zu machen, d. h. ein Gesetz zu erwirken, laut welchem die Herstellung und der Verkauf von gegorenen oder gebrannten Getränken irgend einer Art im ganzen Staate verboten sein sollte. Die Anstrengungen der Temperenzfanatiker wurden, was unglaublich erscheint, aber leider nur zu wahr ist, mit Erfolg gekrönt; denn seit 1. Mai 1881 dürfen in ganz Kansas Spirituosen nur zu wissenschaftlichen und technischen Zwecken oder auf ärztliche Vorschrift hin verabfolgt werden. Welch traurige Folgen dieses wahnsinnige Gesetz bereits nach sich zog, hat der hochverdiente, von mir S. 3 bereits erwähnte Herr C. B. Schmidt, europäischer Generalagent der Santa Fe-Bahn, überzeugend nachgewiesen. Zu spät haben die maßgebenden Personen einsehen, welch große Gefahren und unermeßliche Nachteile sie durch das unsinnige, die individuelle Freiheit aufs Höchste verletzende Temperenzgesetz für den Staat Kansas und seine Bewohner heraufbeschworen haben. Meiner festen Ansicht nach kann überhaupt dieses Gesetz unmöglich im ganzen Umfange des Staates mit Strenge durchgeführt oder während langer Zeit aufrecht erhalten werden. Denn sollte der hierzu befugte Beamte es wagen, in dem S. 16—17 geschilderten Dodge City ohne Weiteres die Trinkstuben zu schließen, und wozu er das Recht hat, die etwa anwesenden Gäste zu verhaften, so würde er sofort von dem Nächstbesten totgeschossen werden, dem wegen seiner That nicht ein Haar gekrümmt würde. **)

*) Die Prophezeiung des Verfassers hat sich bereits bewahrheitet. Ein halbes Dutzend kapitalskräftiger Aktiengesellschaften haben das Berieselungsnetz im oberen Arkansasthale über sämtliche, westlich von Dodge City gelegenen Kreise ausgedehnt und so jene Region zu dem Gemüsegarten für die nahen Felsengebirge gemacht. — Ackerbauer siedeln sich jetzt in großer Zahl, besonders in den Kreisen Sequoyah und Kearney an, wo sie das Land entweder von der Regierung unter dem Heimstättegesetz umsonst bekommen, oder von der Eisenbahn-Gesellschaft billig kaufen. — Für die Bewässerung zahlen sie einen jährlichen Pacht von 1 Dollar per Jahr. — Die Erträge, besonders an Gartengemüsen, wie Zwiebeln, Kartoffeln, Süßkartoffeln, Melonen, Kürbissen, Tomaten, Gurken, Bohnen, Erbsen ꝛc. sind bei dem sehr gehaltreichen Humusboden, dem bisher nur die genügende Feuchtigkeit fehlte, erstaunlich.

**) Bei den diesjährigen allgemeinen Herbstwahlen in Kansas hat es sich herausgestellt, daß die Wähler des Staates die Überzeugung gewonnen haben, daß das radikale Temperenz Gesetz nicht die Vorteile bringt, die man von ihm erwartete. Der Gouverneur St. John, welcher an der Spitze der Temperenz Partei steht und dem man das Gesetz in seiner nachteiligen Schärfe zu verdanken glaubte, ist bei den Neuwahlen mit einer großen Majorität geschlagen worden und statt seiner ein Mann gewählt worden, der ein ausgesprochener Feind des Temperenz-Fanatismus und ein Freund der deutschen Bevölkerung ist. — Es steht nun zu erwarten, daß das Gesetz dahin abgeändert wird, daß die

2*

Wer etwa glauben sollte, daß sich beim Eintritte in den Staat Colorado, den wir 4 km westlich von Coolidge betreten, der Charakter der Landschaft ändern würde, befindet sich in einem Irrtum; von Coolidge bis La Junta, eine Entfernung von 139·₃ km, die wir, immer dicht am rechten, flachen Ufer des Arkansasflusses entlang in fast genau westlicher Richtung zurücklegen, durchziehen wir immer noch dieselben öden und öden, meist ganz flachen und baumlosen Prairien, die für den Getreidebau vorläufig völlig unbrauchbar sind. Doch ist auf diesen Coloradoprairien das Tierleben reicher, als wir erwarten sollten; wir stoßen gar nicht selten auf Prairiehunde und Antilopen, spähen jedoch meistens vergebens nach Büffeln umher, die hier noch in den siebziger Jahren in ungeheueren Mengen vorkamen.

Während wir, so lange wir dem Arkansasflusse folgen, was von Hutchinson bis La Junta auf eine Entfernung von 542·₂ km der Fall ist, in fast genau westlicher Richtung fahren, schlagen wir von La Junta bis Deming — dem Endpunkte der Bahn — während 930·₃ km eine südsüdwestliche Richtung ein. Freilich wird Jeder, dessen Zeit es im Geringsten gestattet, von La Junta auf einer Zweiglinie der Santa Fe-Bahn seine Reise bis zu der nur 102·₂ km westlich gelegenen Stadt Pueblo in Colorado fortsetzen, um von hier aus wenigstens einige der seltenen Naturschönheiten dieses an merkwürdigen Canyons*) (Engschluchten) und riesigen Schneegipfeln, an großartigen Silber- und Goldbergwerken und heißen Quellen aller Art reichen Landes kennen zu lernen.

Der erste Ort von Bedeutung, den wir von La Junta aus erreichen, ist das reizend gelegene Trinidad im südlichen Colorado (6334 Fuß hoch; 131·₃ km von La Junta und 1050·₂ km von Kansas City entfernt). Auf unserer Fahrt fallen uns große Herden von Schafen auf, die hier vorzüglich fortkommen. Aber eigentümlich — wo die Schafzucht gedeiht, können nicht zugleich auch Rinder gezüchtet werden. Denn das Hornvieh läßt sich nicht bewegen, auf Flächen zu weiden, auf denen nicht zu lang vorher Schafe gegrast haben; ja mehr noch — es verschmäht sogar das Wasser der Bäche, wo Schafe getränkt wurden.

Je mehr wir uns der Stadt Trinidad nähern, desto schöner, desto interessanter wird die Gegend; denn immer dichter kommen wir an die Felsengebirge heran, immer schärfer zeigen sich uns die Umrisse dieser mächtigen Gebirgskette.

Die Reisenden, die in Trinidad oder überhaupt während unserer weiteren Fahrt die Wagen besteigen — unter ihnen befinden sich Bergleute, Jäger, Farmer, Viehhändler mit ihren Cowboys, — sind häufig ihrer äußeren Erscheinung nach, die in Deutschland allgemeines Aufsehen und Erstaunen erregen würde, sehr verschieden von jenen, mit denen wir bisher beisammen waren. Welch zusammengewürfelte Masse von Menschen jeglicher Nationalität,

Fabrikation und der Verkauf gegorener Getränke (Bier und Wein) unter gewissen Beschränkungen freigegeben werden wird. — Das Trinken spirituöser Getränke artet bekanntlich bei Amerikanern in der Regel in Trunksucht aus, und daß ein Gesetz zur Unterdrückung derselben in Kansas durch allgemeines Volksvotum durchgeführt werden konnte, spricht viel für den moralischen Charakter der Bevölkerung des Staates. — Neben dem materiellen Nachteile, den das Temperenzgesetz in der temporären Abschwächung der europäischen Einwanderung nach sich zog, hat es ohne Zweifel den permanenten Gewinn einer heilsamen Beschränkung des öffentlichen Trinkens zur Folge gehabt.

*) Siehe meine Schilderung der Colorado-Canyons in „Gaea", Band XVII, S. 65 420.

jeglicher Abstammung, jeglichen Charakters findet sich auf der Südpacificbahn zusammen, je weiter wir auf ihr in den Westen und Südwesten
eindringen!

Dieselbe anmutige Gegend, die uns bei Trinidad erfreute, begleitet
uns auch während der ferneren, allerdings nur 25 km langen Fahrt durch
das südliche Colorado. Die stetig zwar, aber nicht sehr stark steigende Bahn
durchzieht zunächst ein breites, mit schönen Kulturen geschmücktes und von
gut bewaldeten Bergen eingeschlossenes Thal. Doch bald verläßt sie es und
erklimmt nun auf einer hochinteressanten, an Naturschönheiten mancher Art
reichen Straße, in zahllosen Windungen, mit großen Kurven, unter vielfachen
Schwierigkeiten den Raton Paß, zu dessen Höhe sie allerdings nicht ganz
hinaufkömmt; denn 7688 Fuß über dem Meere — es ist dies der höchste
von der Südpacificbahn erreichte Punkt — führt sie in einen zweitausend Fuß

Montezuma-Hotel und Badeanstalt zu Las Vegas Springs, Neu-Mexiko.

langen Tunnel ein. Wir betreten ihn in Colorado, aber wenn wir wieder
aus ihm an das Tageslicht kommen, dann befinden wir uns in dem nord-
amerikanischen Territorium Neu-Mexiko, oder deutlicher gesagt, dem
alten Lande der Sonnen- und Feueranbeter, das jedoch zunächst keinen
freundlichen Eindruck auf uns macht: denn weit und breit entdeckt man
keine Kulturen und keine Vegetation; alles öd und wüst.*)

Das heutige Territorium Neu-Mexiko liegt zwischen 31° 20' und 37°
nördlicher Breite und 103° bis 109° westlicher Länge von Greenwich; sein
Flächeninhalt beträgt 313,898 qkm, seine Bevölkerung belief sich nach dem
Census des Jahres 1880 auf 116,565 Seelen. Die Oberfläche des Landes

---

*) Am Fuße der Ratonberge, auf neu-mexikanischer Seite, ist seitdem die Stadt
Raton entstanden, die wegen der in nächster Nähe befindlichen reichen Eisen- und Stein-
kohlenlager bald eine Rolle als Industriestadt zu spielen verspricht. — Hier befinden sich
bereits ausgedehnte Eisenbahn-Werkstätten.

besteht zu zwei Dritteln aus Hochplateaus, die im Süden und Osten eine mittlere Höhe von 5000, im Norden und Nordwesten hingegen von 7500 Fuß erreichen. Der weitaus größere Teil dieser Plateaus eignet sich vorzüglich zu Weideplätzen, die freilich nicht immer so wasserreich sind, wie es wünschenswert wäre. Vielfach würde diesem Mangel durch Bohren artesischer Brunnen abgeholfen werden können.

Die an wertvollen Mineralien aller Art so überaus reichen Felsengebirge durchziehen in zwei Ketten Neu-Mexiko von Süden nach Norden.

Viehweide in Neu-Mexiko.

Die östliche Kette endet jach wenige Kilometer von Santa Fe, die westliche, häufig Sierra Madre genannt, nicht so scharf begrenzt und zusammenhängend und vielfach durch tiefe Pässe unterbrochen, verliert sich allmälig in der bergigen, zerklüfteten Region zwischen dem Rio Grande und Arizona. Fast zwei Drittel des Territoriums liegen östlich von der Sierra Madre.

Der erste größere Ort, den wir auf unserer Fahrt durch Neu-Mexiko begegnen, ist Las Vegas. Die eigentlich aus zwei Teilen bestehende Stadt, von denen der neue von Amerikanern und der alte aus elenden Lehmhütten, vermischt mit großen Adobegebäuden bestehende von Mexikanern bewohnt wird (darunter gar manchen edeln und stolzen spanischen Familien), ist 1265,4 km von Kansas City entfernt und 6452 Fuß über dem Meere in einer flachen unbewaldeten und uninteressanten Gegend erbaut. Der Ort ist namentlich wegen seiner 8 bis 10 km entfernten, vielbesuchten heißen Quellen berühmt, deren es 22 in chemischer Zusammensetzung verschiedene mit einer Temperatur von 43° bis 60° Celsius gibt. Sie bewähren sich vorzüglich bei Hautkrankheiten und rheumatischen Leiden. In neuester Zeit hat hier die Santa Fe-Bahn mit Unterstützung reicher Bostoner Kapitalisten ein prachtvolles, zweihundert Zimmer enthaltendes, durchweg mit echt-amerikanischem Komfort und Luxus ausgestattetes Hotel errichtet, das am 15. April 1882 eröffnet ward.*) Auch nervösen und brustleidenden Personen ist der Aufenthalt hier sehr zu empfehlen. Überhaupt ist solchen Leidenden das Klima von ganz Neu-Mexiko überaus zuträglich. So stellen die statistischen Berichte über den Gesundheitszustand der amerikanischen Armee fest, daß in Neu-Mexiko auf je 1000 Personen nur $1^3/_{10}$ Lungenkranke kommen, wogegen sich das Verhältnis in anderen Teilen der Union zwischen $2^3/_{10}$ und $6^9/_{10}$ per Tausend beläuft.

Bald, nachdem wir Las Vegas verlassen haben, ändert sich der seit unserer bisherigen Fahrt durch Neu-Mexiko einförmig-öde und traurige Charakter der Landschaft sehr zu seinem Vorteile. Die 133,4 km lange, aus einem 6400—7500 Fuß hohen Plateau bestehende Strecke, die wir von Las Vegas bis Santa Fe zurückzulegen haben, ist nicht nur gut bewaldet hauptsächlich mit dem Cedergebüsch, hier Pinion genannt (Pinus edulis), das freilich technisch so gut wie keinen Wert hat, sondern gleichzeitig lieblich und anmutig, ja hie und da sogar prachtvoll. Es ist entschieden eine der interessantesten Strecken längs der ganzen Bahn. Übrigens ist hier die Bevölkerung immer noch spärlich. Sie würde zweifelsohne weit zahlreicher sein, wenn die Eigentumsverhältnisse des Grundes und Bodens geregeltere wären. Die Unsicherheit liegt in den vielen Landschenkungen — land grants, — mit denen die spanischen Könige und mexikanischen Gouverneure vor Zeiten verdiente Militärpersonen, Civilbeamte und Geistliche bedachten. Erst wenn von Seiten der amerikanischen Regierung und des Kongresses alle Landansprüche geregelt und die Besitztitel hierauf gesichert sind, worüber jedoch, so wünschenswert auch eine baldige definitive Erledigung wäre, noch Jahre, ja selbst Jahrzehnte verstreichen werden, kann an eine dauernde Besiedelung derselben gedacht werden. So wie die Verhältnisse gegenwärtig liegen, wird hier entweder Bergbau betrieben oder auf diesen und anderen Ländereien von Neu-Mexiko weiden tausende von Rindern oder Schafen.

46,4 km westlich von Las Vegas erreichen wir die Station Pécos, in deren Nähe (von der Bahn aus allerdings nicht sichtbar) merkwürdige, vielfach von früheren Reisenden, neuerdings (Herbst 1880) von dem Archäologen Adolph F. Bandelier untersuchte Ruinen vorhanden sind. Dieser Gewährsmann berechnet aus dem Kubikinhalt der Schutthaufen und der Vergleichung mit den noch stehenden Mauern die Höhe der einstigen Gebäude bis zu vier Stockwerken. Eines derselben sei in mindestens sechshundert abgesonderte Gemächer geteilt gewesen und habe wenigstens zweitausend Menschen zur

---

*) Eine Zweigbahn führt jetzt vom Bahnhof in Las Vegas zum „Montezuma Hotel" in Las Vegas Springs. Die Heilquellen selbst befinden sich längs der Ufer den Gallinas Flusses in dem wilden Gallinas Canyon. Es gibt deren etliche vierzig, von denen sechzehn bis jetzt im Gebrauche der Badegäste sind. Die Umgebung der Quellen und des Hotels ist mit prächtigen Parkanlagen umgeben worden, die von Saison zu Saison vervollkommnet und erweitert werden sollen.

Wohnung gedient. Die heutigen vorhandenen Ruinen bezeichnen nach Bandelier das große Indianerdorf, das im Jahre 1540 den von Coronado befehligten Spaniern einen sehr hartnäckigen Widerstand leistete

In den hierauf von uns durchzogenen westlicheren und südlicheren Teilen des Territoriums sind die klimatischen Verhältnisse in so fern andere, als wir sie früher während des Durchzugs durch Colorado angetroffen haben, als hier namentlich während des Hochsommers mehr Regen fällt, der sich für die Vegetation von größtem Nutzen erweist. So erlebte ich am 21. Juni 1880 zwischen Fulton und Ringman (den auf Pécos folgenden in gut bewal-

Töpfer-Arbeiten der Pueblo-Indianer.

deter Region gelegenen Stationen) einen Regen von einer Stärke, wie er in Colorado nur ganz ausnahmsweise eintritt: er endete mit einem schwachen Gewitter. Namentlich im Sommer 1881 traten solche Regen mit einer Heftigkeit auf, daß die Bahn darunter arg zu leiden hatte, ja auf kurze Strecken für einige Tage sogar unfahrbar ward. Um fernerhin von den Folgen der furchtbaren Regengüsse gesichert zu sein, hat die Santa Fe-Bahn ausgedehnte, ihrem Zwecke wahrscheinlich vollständig entsprechende Arbeiten ausführen lassen.

Von Ringman erreichen wir (vorüber an den kleinen Stationen Levy, Glorietta und Manzanares) Lamy, das deshalb eine Bedeutung hat, weil von hier aus eine Zweigbahn nach Santa Fe, der Hauptstadt von Neu-Mexiko führt. Es wäre wirklich kaum zu verantworten, wollten wir es versäumen, diesen höchst merkwürdigen, nur 20 km von Lamy entfernten Ort zu besuchen, der lange vor Eröffnung der Bahn einen hochberühmten Namen hatte, der seit Jahrzehnten der Hauptstapelplatz des Handels mit dem alten Mexiko, Arizona, Texas und Colorado war.

Hochschule in Santa Fé. Neu Mexiko.

Santa Fe, zu deutsch „die Stadt des heiligen Glaubens", zur Zeit der spanischen Herrschaft „La Villa Real de Santa Fé" genannt, ist wohl die älteste Stadt in dem heutigen Nordamerika. Sie wurde ursprünglich von den Azteken erbaut, die sie, wie man glaubt, Cienne nannten.

Dem äußeren Ansehen nach ist auch heute Santa Fe so verschieden von jeder anderen amerikanischen Stadt, daß man kaum mehr in der Union zu sein vermeint. Die zahlreichen Fortschritte, die wir im Zeitalter des Dampfes zu verzeichnen haben und die namentlich gerade in Nordamerika so auffällig hervortreten, sind bis jetzt spurlos an Santa Fe vorübergegangen. In der ganzen Stadt gibt es, was Manchem unglaublich erscheinen mag, nicht eine einzige Dampfmaschine. Eine andere Eigentümlichkeit der Stadt besteht darin, daß man ihr Vorhandensein erst dann gewahr wird, wenn man so zu sagen mit der Nase auf sie stößt. Denn die niedrigen, nur aus einem Erdgeschoß bestehenden, mit flachen Dächern versehenen Häuser, die alle, wie auch die hoher Türme entbehrenden Kirchen, ausschließlich beinahe aus in der Sonne getrockneten Ziegeln, den sogenannten Adobes, erbaut sind, unterscheiden sich fast gar nicht von dem Boden, worauf sie stehen. Um so mehr überrascht war ich, als ich das Innere dieser so überaus einfach sich ausnehmenden Wohnstätten betrat, vielfach sehr große Räume vorzufinden.

Eines der wenigen Backsteinhäuser in Santa Fe haben die Gebrüder Spiegelberg erbaut. Übrigens dient es nicht sowol zum Wohnen, sondern vielmehr als Magazin für ihr riesiges und ungemein reichhaltiges Warenlager. Solche sind aber, wenn auch nicht gleich großartig, noch gar manche vorhanden. Nur ahnt Niemand, daß in den unscheinbaren Häusern, an denen er achtlos vorübergeht, hinter Laden, die aussehen, wie jene von Krämern in abgelegenen Straßen New York's, sich Magazine befinden, die gut beleuchtet und mit geräumigen Geschäftslokalitäten versehen, Waren im Werte von vielleicht hunderttausend Dollars enthalten.

Wohl nirgendwo anders (mit Ausnahme der Stadt Mexiko und der Provinz Chihuahua) kann man schönere Filigranarbeiten aus Gold und Silber sehen, wie in Santa Fe. Nicht minder fesseln uns die von den Pueblo-Indianern hergestellten, meistens mit grellen Farben bemalten Töpferarbeiten. Wir finden darunter nicht blos religiös-groteske Darstellungen alt-mexikanischer Gottheiten, sondern auch viele für den praktischen Gebrauch bestimmte Gegenstände, wie Wasserkrüge, Wasserschüsseln, Vasen, Trinkgefäße u. dgl.

Wie in jeder deutsch- oder österreichisch-schlesischen Stadt ein „Ring", so ist in jeder spanisch-mexikanischen, also auch in Santa Fe, eine „Plaza" vorhanden, nämlich ein großer, mit guten Wegen, Rasenplätzen und Blumenbeeten versehener, teilweise mit Bäumen bepflanzter und eingefriedigter Platz. Diese in Santa Fe sehr sauber gehaltene Plaza ist überdies mit einem einfach-geschmackvollen, obeliskartigen Monumente geschmückt, das 35° 41' nördlicher Breite, 106° 10' westlicher Länge von Greenwich und 6947 Fuß über dem Meere liegt.

An einer Seite der Plaza befindet sich der sogenannte „Palast" des Gouverneurs von Neu-Mexiko. Es ist dies ein ausgedehnter, ebenerdiger, mit großer Veranda versehener, nur aus Adobes hergestellter Bau, an dem jedoch in Folge der vielen, nach und nach vorgenommenen Veränderungen nur wenig mehr von seinem ursprünglichen Aussehen wahrzunehmen ist. Überhaupt fehlt es in Santa Fe, wo so viel Militär liegt, wo der Gouverneur seinen Wohnsitz hat, nicht an öffentlichen Gebäuden. Auch an kirch-

lichen Bauten ist in dieser Stadt kein Mangel; der interessanteste ist die dem
Verfalle entgegengehende, über zweihundert Jahre alte Adobekirche San Miguel.
Eine neue, in ziemlich großem Maßstabe angelegte Kathedrale, die aber noch
der Vollendung harrt, wird ganz solid aus Steinen erbaut.

Was der bis jetzt in Santa Fe und seiner Umgebung wenig kulti=
vierte Boden bei richtiger Behandlung und namentlich mit Zuhilfenahme
von Bewässerung zu leisten vermag, zeigt uns der prachtvolle, inmitten

Palast des Gouverneurs von Neu-Mexiko in Santa Fe.

der Stadt gelegene Garten des ehrwürdigen, seit länger als dreißig Jahren
in Santa Fe wohnenden katholischen Bischofs Lamy, der namentlich in
der Obstzucht staunenswerte Erfolge erzielte.

Höchst eigentümlich sind Santa Fe's Bevölkerungs= und sociale Ver=
hältnisse. An Deutschen fehlt es natürlich nicht; sie haben im Sommer
1881 einen Turnverein und einen Männerchor gegründet. Die Mehrzahl
der Bewohner Santa Fe's besteht jedoch aus Mexikanern und Spaniern,
für die das Leben ohne aufregende Hazardspiele gar nicht denkbar ist.

Daher auch die riesige Zahl von Spielhöllen aller Art, daher der Ärger dieser Bevölkerungsklasse über das Aufheben der Stiergefechte und Hahnenkämpfe.

Nächst den Mexikanern liefern das Hauptkontingent für die Bewohner der Stadt die Pueblo-Indianer, die nunmehr, im Laufe mehrerer Jahrhunderte vielfach mit spanischem Blute vermischt, ganz friedlich und nach indianischen Begriffen sehr fleißig, thätig und arbeitsam sind. Während die Squaws das Haus und Feld besorgen und der Pflege der Kinder sich widmen, treiben die Männer ihre Lasttiere, die ausschließlich aus Eseln bestehen, oder wie man sie in Neu-Mexiko heißt, „Burros", hinaus in die mit Bäumen und Gesträppen bedeckten

San Miguel's-Kirche in Santa Fe. 300 Jahre alt.

Abhänge der Berge, sammeln das dort umher liegende abgestorbene Holz, beladen damit schwer ihre geduldigen Tiere, treiben sie in die Stadt zurück und verkaufen eine solche Ladung für den geringen Preis von 25 Cents, d. i. etwas mehr als eine Mark. Die Esel, deren Kleinheit auffällt, sind ganz unglaublich gutmütig, willig und zahm. Niemals werden den Tieren Zäume angelegt; man behandelt sie wie die Hunde und lenkt sie nur mit Worten. Stundenlang, ohne sich zu regen, bleibt so ein Esel auf dem Flecke stehen, auf den man ihn hingestellt hat.

Außer den ständig in Santa Fe oder seiner Umgegend angesiedelten Pueblo-Indianern bekommt die Stadt hie und da Besuch von anderen Stämmen, die wie die Navahos (spanisch Navajoes geschrieben, aber Navahos gesprochen) oder gar die Apachen (sprich Apatschen) dem Weißen keineswegs freundlich gesinnt sind.

Von Santa Fe nach Lamy und damit zur Hauptlinie zurückgekehrt, mit der wir durch Neu-Mexiko hindurch die Reise fortsetzen, kommen wir sehr bald an den Rio Grande, zu deutsch den „Großen Fluß", den wir zuerst bei der 1418.₅ km von Kansas City entfernten Station Wallace erblicken. Mit Recht ward wiederholt darauf hingewiesen, daß, was der Nil für Egypten, der Rio Grande mit seinem schlammführenden, befruchtenden Wasser für Neu-Mexiko sei. Das von ihm durchzogene breite Thal, in dem vielfach mit großem Erfolge von Mexikanern Wein- und Obstbau getrieben wird, hat bei Wallace eine Höhe von etwa 5000, bei Albuquerque von 4800 und bei El Paso, dicht an der mexikanischen Grenze, von 3000 Fuß.

Der erste Ort von Bedeutung, dem wir am Rio Grande begegnen, ist das an seinem linken Ufer erbaute, von Kansas City 1478.₅ km entfernte Albuquerque, das die Bahn Ende April 1880 erreichte. Der Ort besteht aus dem alten spanischen Stadtteil, der übrigens nicht dicht an der Bahn liegt, und der neuen amerikanischen Eisenbahnstadt, in der natürlich an Wirtshäusern, Restaurationen verschiedenen Ranges, Spiel- und Tanzlokalen kein Mangel ist. Albuquerque, das sich mit der Hoffnung trägt, später Santa Fe weithinaus zu überflügeln, steht zweifelsohne eine große Zukunft bevor; denn von hier zweigt sich die über Fort Wingate gehende, das nördliche Arizona und das südliche Californien durchziehende, allerdings noch nicht vollendete Atlantic- und Pacific-Eisenbahn ab. Zur Zeit hat Albuquerque hauptsächlich Wichtigkeit wegen der ausgedehnten, in seiner Umgebung betriebenen Schafzucht. Laut dem Bundescensus gab es im Jahre 1880 in ganz Neu-Mexiko 2,088,831 Schafe.

Nachdem wir bei Albuquerque den Rio Grande überschritten und sein rechtes Ufer erreicht haben, folgen wir seinem eine südliche Richtung einschlagenden Laufe auf eine Strecke von 293.₇ km. Zunächst erreichen wir Socorro, das berühmt ist wegen der 40—60 km westlich in den Magdalena-Bergen gelegenen Bergwerken.

Bei dem 1643.₅ km von Kansas City entfernten San Marcial überschreitet die Bahn den Rio Grande und führt uns nun längs der linken Seite des Flusses, aber keineswegs dicht an seinem Ufer vorbei, sondern 15—20 km östlich von ihm, bis Hatch (1771.₅ km von Kansas City). Finden wir auch von da bis Deming, dem Endpunkte der 1849 km langen Santa Fe-Bahn zur Zeit keinen größeren Ort, so bietet doch diese 77.₅ km lange Strecke deshalb viel des Interessanten, weil ihre Umgebung ungemein reich an Gold- und Silbererzen ist. Diese sind namentlich in den Gebirgszügen anzutreffen, die sich westlich vom Rio Grande, dem Laufe des Flusses nahezu parallel, erstrecken. Der wichtigste der Minen-Distrikte liegt in der Black Range, die man auf älteren Karten Neu-Mexiko's unter dem Namen „Mimbres Mountains" eingetragen findet. Im Sommer 1882 waren in diesen gold- und silber- erfüllten Gegenden etwa dreitausend Bergleute beschäftigt. Der Weg zu dem Black Range Distrikte führt von der Station Engle aus, die 1704.₅ km von Kansas City entfernt liegt. Im Sommer 1882 waren schon die Jngenieure mit einer von Engle ausgehenden, nach diesem Dorado führenden Eisenbahn beschäftigt.

Nicht nur die Black Range ist reich an wertvollen Metallen, sie sind auch zweifelsohne in ihrer südwestlichen Verlängerung, nämlich den

Pinos Altos Mountains und in der noch westlicher von hier gelegenen Tula Rosa Bergkette zu finden. Aber noch sind diese Regionen Neu-Mexiko's so gut wie gar nicht bekannt. Denn ihre Erschließung und nähere Erforschung, die Ausbeutung der in ihnen verborgenen Reichtümer und Schätze machten die in Neu-Mexiko hausenden Navahno- und Apachen-Indianer geradezu unmöglich. Wie es in dieser Beziehung noch in neuester Zeit aussah, möge aus folgenden Thatsachen ersehen werden.

Der Apachen-Häuptling Victorio, der übrigens eben so häufig Vittoria genannt wird und schon seit dem Jahre 1878 wiederholt auf

Pueblo-Dorf in Neu-Mexiko.

Raubzüge ausgegangen war, hatte seit Februar 1880 die ganze Gegend von Socorro nach der südwestlich von da gelegenen Stadt Silver City und von hier wieder westlich bis in die Nähe von Tucson, der Hauptstadt Arizona's, so unsicher gemacht, daß es nahezu unmöglich war, sie zu bereisen. Victorio raubte, mordete und plünderte ohne Erbarmen; seine Verwegenheit kannte keine Grenzen, bald tauchte er hier auf, bald wieder dort. Da er auch in Alt-Mexiko einfiel, so mußte gegen ihn auch mexikanisches Militär aufgeboten werden. Aber mit seltener Geschicklichkeit verstand es Victorio, mit einer verhältnißmäßig kleinen Schar seiner Stammesgenossen sowol den Truppen der Vereinigten Staaten, als auch den der Nachbarrepublik Mexiko Trotz zu bieten. Seine Kriegführung war derart, daß sie die amerikanischen Befehlshaber geradezu verblüffte. Mir persönlich war nur dies Eine unverständlich und nicht ganz klar, wie General Hatch, der Oberkommandierende dieser Indianer-Expedition, bei der etwa ein halbes Dutzend Generäle beteiligt waren, mit starker Hand von dem reizenden, vom Kriegsschauplatze freilich hunderte von Kilometern entfernten Badeorte Manitou Springs in Colorado (am Fuße des Pike's Peak) Alles zu leiten und überwachen vermochte.

Nicht den amerikanischen Truppen, sondern mexikanischen Freiwilligen unter Führung des Oberst Joaquin Terrazas gelang es, dem schrecklichen Victorio und seinen Apachen in den Castillos Bergen des mexikanischen Staates Chihuahua beizukommen und ihn daselbst endlich am 18. Oktober 1880 zu einer Schlacht zu zwingen, in der er selbst, 77 Krieger und 18 die Waffen führenden Indianerweiber getötet wurden; 87 Weiber und Kinder gerieten in Gefangenschaft; der Rest der Bande zerstreute sich nach allen Richtungen.

Während seiner nahezu zweijährigen Mordbrennerbahn hat Victorio mit seinen Indianern vierhundert weiße, friedliche Personen gemordet, — eine ganz entsetzlich große Zahl, wenn man bedenkt, wie ungemein spärlich überhaupt die weiße Bevölkerung in diesen Teilen Neu-Mexiko's und Arizona's noch immer ist. Nachdem diese schreckliche Geißel beseitigt war, atmeten die weißen Bewohner wieder auf; doch lange währte ihre Freude nicht, da im Frühjahre 1882 die Indianer-Unruhen auf's Neue wieder begannen, die jedoch glücklicher Weise die gefürchtete Ausdehnung deßhalb nicht annahmen, weil die mexikanischen sowol, als auch die amerikanischen Truppen den Rothäuten energisch entgegentraten. Immerhin wurden jedoch während dieser Unruhen von den Indianern 42 Weiße getödtet.

Die Santa Fe-Bahn hat ihrer ganzen Ausdehnung nach, seit sie regelmäßig befahren wird, nie das Geringste von einem Indianer-Überfalle zu leiden gehabt; aber wundern sollte es mich nicht, wenn früher oder später dennoch ein solcher erfolgt.

III. Die Südpacificbahn von Arizona und Californien.*)

Das zweite Glied in dem großen südlichen Überlandweg, der vom Gestade des atlantischen Oceans an die Küste des stillen Meeres führt, oder deutlicher gesagt, New York mit San Francisco verbindet, bildet die Südpacificbahn von Arizona und Californien, die sich von Deming in

El Paso del Norte.

Neu-Mexiko nach San Francisco in Californien in einer Ausdehnung von 1926 km erstreckt.

Verschieden von der älteren Pacificbahn, die am 10. Mai 1869 unter großen Feierlichkeiten und der Beteiligung der Gesamtbevölkerung der Vereinigten Staaten eröffnet wurde, ging die Vollendung der Südpacificbahn in aller Stille vor sich. Wie bereits erwähnt, wurde der erste durchgehende Zug von Kansas City am Donnerstag den 17. März Abends abgelassen; er erreichte ohne jeglichen Unfall San Francisco.

Deming, der Vereinigungspunkt der Santa Fe-Bahn mit der Südpacificbahn von Arizona und Californien, liegt in dem südwestlichen Winkel des Territoriums Neu-Mexiko, in der Nähe von Florida Point,

*) Von Rincon in Neu-Mexiko setzt die Santa Fe-Bahn ihren Lauf in südlicher Richtung nach El Paso del Norte fort und von da wird sie unter dem Namen „Mexican Central Bahn" in der Richtung der Stadt Mexiko weiter gebaut. Diese Linie ist bis zur Stadt Chihuahua bereits in Betrieb. Der eigentliche pacifische Ausgangspunkt der Santa Fe-Bahn ist Guayamas in dem mexikanischen Staate Sonora am Meerbusen von Californien. — Der Verkehr bis dahin ist am 1. November 1882 eröffnet worden. — Dieselbe Bahn-Gesellschaft beabsichtigt eine Dampfer-Linie zwischen Guayamas und Australien einzurichten, wodurch Australien den Vereinigten Staaten im Vergleiche mit der alten Route über San Francisco um 700 engl. Meilen näher gerückt wird.

und ist 64 km nördlich von der alt-mexikanischen Grenze und 128 km östlich von jener Arizona's entfernt. Seinen Namen erhielt der Ort zu Ehren der Gemahlin des Präsidenten der Südpacificbahn von Arizona, deren Mädchenname Deming war.

Der in den ersten Monaten des Jahres 1881 in einer früher ganz unbewohnten Gegend sozusagen über Nacht entstandene Ort, von dem Niemand behaupten wird, daß er jemals in Zukunft eine Bedeutung wird erlangen können, wies anfangs nur Zelte auf, alle beinahe dem Bacchus und Spiele geweiht. Auch heute noch hat sich Deming nur wenig über den trostlos-traurigen Zustand erhoben, in dem es sich zur Zeit der Eröffnung der Bahn (17. März 1881) befand. Denn selbst jetzt noch ist die aus zusammengewürfeltem Gesindel bestehende Bevölkerung, die nicht säen, wohl aber mühelos ernten, gut leben und viel trinken will, furchtbar roh; Kuhhirten, nämlich die übelberüchtigten, ihrem äußeren Ansehen nach bereits geschilderten Cowboys, die hie und da, teils vereinzelt, teils in größerer Zahl, dem Orte einen Besuch abstatten, geraten häufig nicht nur mit den dortigen wüsten Gesellen, sondern auch mit den harmlosen Reisenden in schwere Konflikte, und Niemand sollte der Neugier halber, die ihn aller Wahrscheinlichkeit nach teuer zu stehen kommen dürfte, länger als durchaus nötig, hier sich aufhalten.

Zur Zeit der Eröffnung der Bahn, wo sich die Bahnhofsgebäude in Deming nur auf etliche Bretterbuden beschränkten, nahmen wir daselbst unsere Mahlzeiten in einem ausrangierten Eisenbahnwagen ein, aus dem die Sitzbänke entfernt und durch einen langen Tisch und Stühle ersetzt waren. Doch schon im September 1881 war ein anständiger Speisesaal in dem einfachen zwar, aber zweckmäßigen Bahnhofsgebäude vorhanden.*)

Zu Deming haben wir unsere, seit Kansas City benützten Wagen mit den nicht minder bequem und elegant eingerichteten der Südpacificbahn von Arizona zu vertauschen; auch alles Gepäck wird umgeladen; der Aufenthalt beträgt nahezu anderthalb Stunden.

Auf der von der Südpacificbahn in Neu-Mexiko durchzogenen Strecke ist bis jetzt kein einziger Ort von Bedeutung anzutreffen; dieselbe Bemerkung gilt zunächst auch vom Territorium Arizona, das wir 128 km westlich von Deming, bei Stein's Paß, betreten; eine Entfernung von 1798,$_3$ km trennt uns noch von San Francisco, dem Endziele unserer Reise.

Das nordamerikanische Territorium Arizona liegt zwischen 31° 20' und 37° nördlicher Breite und 109° bis 117° westlicher Länge von Greenwich. Sein Flächeninhalt beläuft sich auf 295,030 qkm, auf denen nach der Zählung vom Jahre 1880 40,440 Einwohner lebten.

Nach Überschreitung mehrerer, 4000 bis 5000 Fuß hoher Pässe erreichen wir das 352 km westlich von Deming entfernte Tucson (sprich Tußon mit dem Accente auf „son"), Arizona's größte und wichtigste Stadt. Dem wüsten Geschrei und Lärmen nach zu urteilen, das bei unserer Ankunft die Kutscher und Agenten der Hotels erheben, die natürlich unter Anwendung vollster Lungen- und Zungenkraft das ihrige als das weitaus beste anpreisen, wenngleich jedes derselben bei höchst anständigen Preisen nur sehr bescheidenen Komfort gewährt, glauben wir uns in einer

---

*) Seit dem Besuche des Verfassers bedeutend erweitert und verschönert.

Großstadt zu befinden, während es sich in Wirklichkeit wesentlich anders verhält. Denn die hohen Erwartungen, die man auf Tucson seit der Eröffnung der Bahn setzte, haben sich bis jetzt keineswegs erfüllt. Die Stadt ist sehr ruhig und still; es herrscht in ihr wenig Leben; doch hat sie ausgedehnte Handelsbeziehungen zu der südlich an Arizona anstoßenden mexikanischen Provinz Sonora.

Tucson, das wohl im Alter mit Santa Fe gleich sein wird, besteht zur Zeit, obschon es etwa 6000 Einwohner zählt, aus den denkbar einfachsten, fast immer nur ein Parterregeschoß umfassenden Lehmhütten, zu denen sich etliche größere, in neuester Zeit aus Stein gebaute Häuser gesellen. Holz jeglicher Art, namentlich Bau- und Nutzholz, war vor Eröffnung der Bahn unerschwinglich teuer; ich habe noch gar manche Häuser, oder richtiger gesagt, größere Lehmhütten gefunden, die im Inneren keine Zimmerthüren hatten; ihre Stelle nahmen meistenteils schwere, teppichartige Vorhänge, zuweilen aber auch nur dünne Leinwand ein. Die Einwohner bestehen vorwiegend aus Mexikanern und Indianern; namentlich sind die friedlichen christianisierten Papagos zahlreich in Tucson's Nähe vorhanden.

Etwa 15 km südlich von Tucson befindet sich die zwischen den Jahren 1768 bis 1798 gebaute Missions-Kathedrale San Xavier del Bac — wohl das interessanteste aller Baudenkmäler, die in dem früher zu Mexiko gehörenden Territorien Arizona und Neu-Mexiko von den Spaniern und Mexikanern errichtet wurden.

Das Klima, das wir in Tucson, wie überhaupt in ganz Arizona antreffen, ist von jenem Neu-Mexiko's sehr verschieden; es ist feuchtwarm, stellenweise im Sommer schrecklich heiß und dann erschlaffend. Auch treten hier im Hochsommer zuweilen furchtbare, mit unglaublich heftigem Regen begleitete Gewitter auf; diese Regengüsse haben sich mehr als einmal sehr störend für die Bahn erwiesen, wie ich dies aus eigener Erfahrung bezeugen kann.

Die Wirkung des feuchtwarmen Klimas von Arizona äußert sich natürlich auch auf die dort vorhandene Vegetation. Diese besteht, wenn nicht ausschließlich, so doch vorzugsweise aus einer Unmasse verschiedener, überaus zahlreich auftretender kakteenartiger Gewächse, die zuweilen eine Höhe von fünfzig Fuß und darüber erreichen.

Wie anders als jetzt muß es noch vor einigen Jahrhunderten in Arizona ausgesehen haben? Wie viele Jahrzehnte mögen noch verstreichen, ehe es der angestrengtesten wissenschaftlichen Forschung gelingt, die höchst interessante Geschichte Arizona's, dieses an merkwürdigen Ruinen und bemalten Felsen und an Gold und Silber ungemein reichen Landes aufzuhellen? Arizona, zur Zeit ein feuchtwarmes, stellenweise heißes, größtenteils unfruchtbares und spärlich besiedeltes Land muß früher dicht bevölkert gewesen sein von einer nunmehr gänzlich dahingeschwundenen, auf einer nicht geringen Stufe der Kultur befindlichen Bevölkerung, die wohl ausschließlich aus Azteken und Tolteken bestand. Hier, in Arizona, war früher das Reich Cibola; aus Arizona kam all das Gold, das die habsüchtigen spanischen Eroberer von den unglücklichen, von ihnen unterjochten Eingeborenen erpreßten. In Arizona, wo vor einigen Jahrhunderten noch Kultur und Gesittung unter der alten eingeborenen Bevölkerung herrschte, hausen jetzt an ihrer Stelle die wilden, raubgierigen Indianer von dem Stamme der Apachen. Welche

Unmasse der schändlichsten Unthaten die Apachen verübten, wie sehr sie die
Entwickelung und den Fortschritt und die Erforschung Arizona's hinderten,
ist wohl kaum allgemein bekannt. Nicht eher können die Hilfsquellen Arizona's
erschlossen werden, nicht eher bekommen wir einen Einblick in seine frühere
hochinteressante, in Monumenten mancherlei Art verewigte Geschichte, als
bis es gelungen ist, die wilden, zügellosen, jeder Kultur feindlichen Apachen
zu bändigen und im Zaum zu halten. Nach Allem, was ich bisher sagte,
ist es nicht zu verwundern, daß der Haß der Weißen gegen die Indianer
in Arizona unauslöschlich ist.

Spanische Missions-Kathedrale San Xavier del Bac bei Tucson in Arizona.

So außerordentlich unvollständig bis jetzt auch noch unsere Kenntnis
von Arizona ist, so steht doch so viel fest, daß wir hier nicht nur eines
der silber-, gold- und überhaupt mineralreichsten Länder Nordamerika's
vor uns haben, sondern daß auch manche seiner jetzt unfruchtbaren
Gegenden, wenn richtig bewässert und berieselt, überaus reiche Ernteerträg-
nisse liefern würden.

Mehrfach sind in Arizona Felsen mit bis jetzt unenträtselten Inschriften und Figuren gefunden worden: auch gibt es, gleichwie auch in
Neu-Mexiko, höchst merkwürdige, von den Azteken oder Tolteken her

stammende Ruinen, vor Allem die „Casa Grande", „Großes Haus", in dessen Nähe (immerhin jedoch 24 km entfernt) die Bahn uns vorüberführt. Die nach diesen Ruinen benannte kleine Station liegt 104.₆ km westlich von Tucson.

Der nächste wichtige Ort, dem wir nach Casa Grande begegnen, ist das 143.₃ km von Tucson entfernte, des Schmuckes von Bäumen und Sträuchern entbehrende Maricopa. Ein dem Bahnhofe gegenüberliegendes umfangreiches Holzgebäude zieht unsere Aufmerksamkeit auf sich; es ist ein sogenanntes „government store-house", d. h. mit Vorräten verschiedenartigster Art gefüllt, die für die in Arizona vorhandenen militärischen Forts benötigt werden. In der weiteren Umgebung Maricopa's sind ferner ziemlich ausgedehnte Erzlager anzutreffen, von denen jedoch bis jetzt nur wenige ausgebeutet werden, und zwar zumeist aus der nicht unbegründeten Besorgniß vor Indianerüberfällen.

Unsere weitere Fahrt bringt uns zunächst in die Gila-Wüste — man spricht Hila — die sich südlich vom Gilathale ausbreitet und bis in die Nähe der 88.₅ km westlich von Stanwix gelegenen Station Adonde erstreckt. In dieser, vielfach von hohen Kaktus bewachsenen Wüste sind viele Eidechsen, Klapperschlangen und Eulen anzutreffen. Spuren ehemaliger vulkanischer Thätigkeit lassen sich häufig erkennen. Auf der Wüste erheben sich auch zahlreiche, teils kleinere, teils jedoch gegen zweihundert Fuß Höhe ansteigende Hügel von vulkanischer Zusammensetzung, „Buttes", mit meist sehr steilen Abhängen, kahl und nackt, in Farbe braun bis nahezu schwarz. Überhaupt ist die Wüste im Süden sowohl als im Norden vielfach von vulkanischen Gebirgen begrenzt, die schroffe, zuweilen groteske Formen zeigen und uns durch das Düstere und Dunkele ihrer Färbung überraschen.

In dieser Wüste ist zur Zeit Stanwix, 260.₇ km westlich von Tucson entfernt, der bedeutendste Ort, der in einem ebenen, vielfach mit Lavaresten bedeckten Boden erbaut ist. Kulturen fehlen; doch sind einzelne Bäume vorhanden. Die wenigen Bewohner des im Sommer sehr heißen Stanwix, die fast alle in Beziehung zur Bahn stehen, führen ein trauriges Leben; sie entbehren nicht nur gar manchen Komforts, sondern haben sogar hie und da auf den Genuß wichtiger, dem Menschen nahezu nötiger Lebensmittel zu verzichten. Während meiner ausgedehnten, im Jahre 1880 in den Vereinigten Staaten unternommenen Reisen war Stanwix der einzige Ort, wo es bei einem wirklich entsetzlich schlechten Mittagessen weder Milch noch Eiswasser gab.

Gegen die überaus einfachen Lehmhütten, die wir in den im Gilathale gelegenen, von der Bahn berührten, gegenwärtig ganz unbedeutenden Ortschaften vorfinden, stechen grell, aber äußerst vorteilhaft die Bahnhofsgebäude ab. Bestehen sie auch größtenteils nur aus Fachwerk, so sind sie doch alle geräumig und überdies in sehr zweckmäßiger Weise mit doppelten, weit hervorstehenden, eine Veranda bildenden Dächern versehen, die nicht wenig dazu beitragen, das Eindringen der heißen Luft in das Innere der Gebäude abzuhalten und den Aufenthalt daselbst erträglich zu machen. Unter der in diesen Teilen Arizona's bis jetzt überaus spärlichen Bevölkerung greift immer mehr die sehr vernünftige, vor zehn Jahren noch völlig unbekannte Sitte um sich, die auch in Südcalifornien, Nevada und Utah nach und nach Eingang findet, den Kopf gegen die Sonnenstrahlen, die, so glühend sie auch zuweilen sind, dennoch fast niemals Sonnenstich er-

Felsengruppe in Arizona.

zeugen, durch hohe, aus leichtem Pflanzenmark gefertigte, mit hellen Stoffen überzogene Hüte zu schützen, wie solche allgemein von Europäern in Indien getragen werden.

Je weiter wir in die Gilawüste vordringen, desto heißer wird im Hochsommer die Temperatur, desto drückender die Luft. Winde, die teils als Stürme, teils in schwachen Wirbeln über die trockene, ausgedörrte Wüstenfläche hinwegziehen, erzeugen vielfach lästigen Staub. Alles an der Außenseite der Wagen aus irgend einem Grunde angebrachte Metall, z. B. die Thürklinken, die Bremsräder, die längs der Treppen angebrachten Geländer fühlen sich in dieser Jahreszeit wie glühendes Eisen an. Die trockene heiße Luft verursacht schrecklichen Durst; als wahre Wohlthat empfindet es jeder Reisende, daß ihm Gelegenheit gegeben ist, ihn durch das in jedem Wagen in einer hohen Urne vorhandene Eiswasser zu stillen.

Bei Adonde, einer kleinen, 48·₅ km östlich von Yuma gelegenen Station, erreichen wir das Gilathal, ohne jedoch das von uns nördlich gelegene linke Flußufer selbst zu berühren. Größer als Adonde ist der nächste von da 22·₅ km gelegene Ort Gila City, der jedoch fast ausschließlich nur von friedlichen Papago-Indianern bewohnt wird. Die wenigen Weißen, die hier vorhanden sind, fristen im Allgemeinen — mit wenigen Ausnahmen — kümmerlich ihr Leben durch Auswaschen des feinen, in der Umgebung vorhandenen Goldes. Übrigens sprechen gar manche untrügliche Anzeichen dafür, daß das Gilathal vor Zeiten sehr fruchtbar und stark bevölkert gewesen sein muß. Daß auch heute noch durch vernünftige Bewässerung, namentlich durch Zuleiten von Wasser aus dem nicht sehr fernen, einen unerschöpflichen Vorrat enthaltenden Coloradoflusse gar manche Teile des Gilathales dem Getreidebau erfolgreich gewonnen werden könnten, unterliegt keinem Zweifel. Der in seiner Wassermenge ungemein wechselnde Gilafluß eignet sich für diesen Zweck nicht.

Nach Gila City erreichen wir Yuma, früher häufig auch Arizona City genannt, 1176·₄ km von San Francisco und 397·₅ km von Tucson entfernt. Es ist die letzte in Arizona gelegene Stadt, dicht am linken (östlichen) Ufer des Coloradoflusses erbaut, da wo in ihn der Gila mündet, wenige Kilometer von Südcalifornien sowohl, als auch von Alt-Mexiko entfernt. Yuma gilt mit Recht für einen der heißesten Orte in ganz Nordamerika; während acht Monaten im Jahre herrscht hier eine furchtbare Hitze. Die Regenmenge ist unbedeutend; sie übersteigt selten 3¹/₂ Zoll im ganzen Jahre. Staubstürme kommen hier in den Sommermonaten häufig vor. Fliegen sind massenhaft vorhanden: man kann sich ihrer während des Essens kaum erwehren.

Yuma war im Sommer 1880 eine sogenannte Speisestation der Bahn; übrigens mußten die Reisenden die Mahlzeiten in einem der beiden im Orte befindlichen Gasthöfe einnehmen — ein ganz ausnahmsweiser Fall, da sonst längs der ganzen Südpacificbahn immer im Bahnhofe selbst oder seiner unmittelbarsten Nähe gespeist wird. Doch war dafür Sorge getragen, daß stets am Bahnhofe einige Wagen von allerdings sehr einfacher Beschaffenheit vorhanden waren, die uns in das merkwürdige Städtchen fuhren und von da wieder rechtzeitig an den Zug brachten. Wir hatten also Gelegenheit, ein ziemlich gutes Bild des Ortchens zu bekommen. Glühendheißer, feiner, tiefer Sand, in den ich wiederholt bis über die Knöchel einfiel, erfüllt die völlig ungepflasterten breiten Straßen der Stadt, deren freilich überhaupt nur wenige vorhanden sind. Die vorzugsweise von Mexikanern und Indianern bewohnten Häuser bestehen aus armseligen Lehmhütten mit flachen Dächern, auf denen in den heißen Monaten die Insassen Nachts schlafen. Der etwa 1000 Seelen enthaltende Ort macht den Eindruck eines erbärmlichen Wüsten-Restes, in dessen Nähe hie und da etliche Bäume zerstreut vorkommen.

Die Indianer, die hier in großer Zahl vorhanden sind und sich stets neugierig den Zug und seine Insassen betrachten, gehören alle dem Stamme der Yumas an. Es sind sehenswert echte, ziemlich große, behende Gestalten von einer dunkleren Hautfarbe, als wir sie bei anderen Rothäuten vorfinden, mit prachtvoll langen, bei den Weibern geflochtenen, bei den Männern lose herabhängenden Haaren. Sie sind in wahrhaft origineller, dem heißen Klima entsprechender Weise bekleidet. Der ganze Anzug der Männer besteht aus drei Teilen. Jeder trägt am Oberkörper ein ganz dünnes Jäckchen aus gefärbter Leinwand, am Unterkörper jedoch nur zwei handtuchartige große Tücher, von denen das rückwärtige wie eine Schleppe am Boden oder richtiger gesagt, auf der Erde nachschleift, aber freilich bei einem durch schnelles Gehen verursachten Luftzuge lustig und hoch emporflattert.

Von Yuma gelangen wir sehr bald an das linke Ufer des nahen wasserreichen Coloradoflusses, der leider viele, die Schiffahrt beeinträchtigende Wirbel, Strudel und Stromschnellen enthält. Haben wir ihn auf einer sehr guten Brücke überschritten, dann befinden wir uns im südlichen Californien und gewahren zunächst das auf einer Uferbank erbaute, früher sehr wichtige, jetzt nur von einer geringen Zahl von Soldaten besetzte Fort Yuma.

Den Eindruck, den die an Arizona grenzenden Gebiete Südcaliforniens auf uns machen, ist kein erfreulicher. Denn vom Coloradoflusse westlich dehnt sich eine große, sandige, fast gar nicht bewohnte Gegend aus, die man die Coloradowüste nennt. Ausgedehnte Theile dieser mit Sandbergen versehenen Wüste liegen, ähnlich wie das Tote Meer, tief unter der Oberfläche des Meeres; sie sind das nunmehr trockene Bett eines ehemaligen Oceans. Die Bahn durchzieht diese tiefgelegenen Regionen. Etwa 95 km westnordwestlich von Yuma geht es immer tiefer und tiefer hinab, bis wir dicht in der Nähe der 260 Fuß unter dem Meere gelegenen Station Frink's Spring an einen Punkt kommen, der sich 266 Fuß unter der Meeresoberfläche befindet. Wo in der ganzen Welt ist wiederum eine solche Bahnstation anzutreffen? Dann geht es nach und nach langsam in die Höhe. Insgesamt durchziehen wir während 98 km unter der Meeresoberfläche gelegene Regionen.

Indio, 66 km westlich von der tiefen Station, liegt noch 20 Fuß unter, aber White Water, 46½ km westlich von Indio, bereits 1126 Fuß über der Oberfläche des Meeres. Hier endet überhaupt die Coloradowüste, hier treten schon vereinzelt Palmen auf. Je mehr wir den von hier entfernen, je westlicher wir kommen, desto mannigfaltiger wird die Vegetation. Sind doch schon bei Banning, einem aus acht bis zehn Häusern bestehenden Örtchen, das nur 22·5 km westlich von der Station White Water liegt, Kulturen und Rinderherden zu finden. Überhaupt beginnt von hier ab regelmäßig der Farmbetrieb, der freilich in Beziehung auf sein Gedeihen vielfach auf künstliche Bewässerung angewiesen ist, ohne die es im ganzen südlichen Californien kaum möglich ist, gewisse Früchte zu erzeugen und lohnende Resultate zu erzielen.

Von nun an fangen auch die teils deutlich, teils schwächer sichtbaren Vorberge der ihrer Schönheit halber berühmten Sierra Nevada an, mehr oder minder bewaldet zu sein. Auch die Bevölkerung nimmt bedeutend an Dichtigkeit zu; so enthält das allerdings nicht an der Bahn selbst, sondern 6½ km östlich von der Station Colton gelegene San Bernardino gegen 6000 Einwohner, die sich vorzugsweise mit Weinbau, Obstgärtnerei und Landwirtschaft befassen.

Sind auch die westlich von Colton auf eine Entfernung von 93·5 km (bis Los Angeles) an der Bahn gelegenen Orte wenig volkreich — kaum ein einziger zählt bis jetzt 800 Einwohner, — so wird doch das Klima immer angenehmer und die Vegetation immer reicher. Aber geradezu entzückend schön ist die Umgebung der etwa 17,000 Bewohner enthaltenden Stadt Los Angeles, zu deutsch der „Stadt der Engel", der größten

Stadt Südcaliforniens. Hier, in Los Angeles, das vielfach, aber unrichtig Los Angelos geschrieben wird und das 776 km südöstlich von San Francisco entfernt liegt, ist geradezu ein irdisches Paradies für Brustkranke, um so mehr, als seine reizende, von mir eingehend besichtigte Umgebung auf ungeheuer großen Flächen mit den schönsten Weinbergen, den prachtvollsten Orangen und Mandelbäumen geschmückt ist: · sogar Palmen sind in ziemlicher Anzahl vorhanden.

Von Los Angeles nach San Francisco, dem Endziele unserer Reise, verfolgt die Bahn eine fast genau nordwestliche Richtung. Das Interessanteste, was uns auf dieser 776 km langen Fahrt aufstößt, ist der nur 41., km von Los Angeles entfernte 6967 Fuß lange, 1469 Fuß über dem Meere gelegene Fernando Tunnel (einer der längsten in Amerika) und der sogenannte Loop, zu deutsch „die Schleife", die 567 km von San Francisco entfernt liegt. Behufs Überschreitung des 3964 Fuß hohen Tehachipi-Passes mußte nämlich die Bahn so angelegt werden, daß sie sich bis jetzt der einzige Fall selbst kreuzt. Die Sache liegt so. Während wir zwischen einem Einschnitt hindurchfahren, sehen wir vor uns einen kleinen Tunnel, und über diesem, 78 Fuß höher gelegen, eine im rechten Winkel ihn schneidende Bahn, die wir mit einer großen Kurve nach kurzer Zeit selbst erreichen.

Daß uns ferner die Bahn später bei Madera (297., km südöstlich von San Francisco) in die Nähe der einzig dastehenden Riesenbäume und des wundervollen Yosemitethales bringt, muß ich hier der Vollständigkeit halber auch noch erwähnen. Leider können wir jetzt diese großartigen Naturschönheiten nicht genießen, sondern müssen trachten, bald San Francisco, das Endziel unserer Reise zu erreichen.

Was ließe sich nicht Alles über San Francisco, Californien's größte Stadt berichten? Seine Geschichte gleicht einem Märchen. Im Jahre 1848 · · zur Zeit der Goldentdeckung — zählte sie 600 Einwohner, im Juni 1880 hatte sie deren 233,000.

Eine Anzahl von Prachtbauten aller Art schmücken die herrlich gelegene Stadt. Sie hat ferner in dem Palace Hotel das größte, nicht nur in Californien, sondern wohl auf dem ganzen amerikanischen Festlande bestehende Hotel; ich hatte im Sommer 1880 die Zimmernummer 634. Alle größeren Räume daselbst sind elektrisch beleuchtet, aber zugleich auch mit Gasflammen. Das Hotel hat vier Fahrstühle, sogenannte Elevators, die Reisende und ihr Gepäck in die höheren Stockwerke bringen. Zur Unterdrückung von Feuersgefahr sind umfassende Vorkehrungen getroffen; aber sollte einmal aus irgend einem Grunde dennoch ein größeres Feuer um sich greifen, dann wären meiner festen Überzeugung nach alle in den höheren Stockwerken wohnenden Personen unrettbar verloren.

Noch möchte ich zum Schluß auf einige Verhältnisse hinweisen, die in unmittelbarer Beziehung zur Bahn stehen und die ich bis jetzt noch nicht Gelegenheit hatte zu besprechen.

Die Preise auf der Südpacificbahn, die ihrer ganzen Länge nach nur ein, selbstverständlich mit Telegraphendrähten und den nötigen Ausweichestellen versehenes Geleise hat, sind ziemlich hoch; denn mit Benützung der Schlafwagen und einschließlich aller Nebenausgaben braucht eine erwachsene Person für die achttägige Reise von New York nach San Francisco mindestens 900 Mark.*)

Die Wagen, auf denen wir befördert wurden, sind vorzüglich gebaut und mit allen erprobten technischen Einrichtungen versehen, die bis jetzt zur Sicherheit der Reisenden und des Zuges ersonnen wurden. Hotel- oder Restaurationswagen sind jedoch den Zügen nicht regelmäßig beigegeben. Es hat sich nämlich gezeigt, daß, wenn Jemand ununterbrochen mehrere Tage fortreist, er sehr froh ist, dreimal täglich je auf 25 oder 30 Minuten den Zug verlassen und bei dieser Gelegenheit seine Mahlzeiten in hohen und geräumigen, reinlichen und hellen Speisesälen genießen zu können, wie sie nunmehr längs der ganzen Südpacificbahn in geeigneten Zwischenräumen anzutreffen sind. Das Essen auf diesen sogenannten Speisestationen ist gut und reichlich, aber nicht gerade billig; denn einschließlich beliebiger Mengen von Thee und Kaffee kostet jede Mahlzeit, gleichviel ob Frühstück, Mittag- oder Abendessen einen Dollar = 4 Mark 25 Pf. Die Santa Fe-Bahn hat die Verpflegung ihrer zahlreichen Reisenden längs der auf ihrer Linie befindlichen Speisestationen in die Hände eines Generalunternehmers (Caterer) gelegt.

Was nun die Baubeschaffenheit der Südpacificbahn und die Sicherheit auf ihr betrifft, so ist sie so gut, beziehungsweise so groß, wie auf irgend einer der älteren östlichen Bahnen; sie ward zwar rasch gebaut, aber keineswegs mit jener Schnelligkeit, wie die ältere Pacificbahn; die beim Bau der letzteren gemachten Erfahrungen trugen wesentlich dazu bei, die von dem Terrain hie und da gebotenen Schwierigkeiten zu überwinden.

---

*) Folgende sind die Fahrpreise von New York nach San Francisco in den verschiedenen Klassen sowohl mit der alten Union Pacific, wie mit der neuen Südpacificbahn:
1. Klasse ohne Zeitbeschränkung . . . . 118 Dollars 80 Cent.
1. „ bei ununterbrochener Fahrt . . . 135 „ 30 „
2. „ „ „ „ . . . 105 „ — „
Emigranten-Klasse bei ununterbrochener Fahrt 65 „ — „
Die ununterbrochene Benützung des eleganten und bequemen Schlafwagens von New York bis San Francisco kostet 21 Dollars extra. Diese Ausgabe kann bei nur zeitweiliger Benützung des Schlafwagens beliebig reduziert werden. Die Betten der Schlafwagen sind zweischläfrig und können ohne Preisaufschlag von zwei Personen benützt werden.

Paſſagiere, welche nach Plätzen in

Kanſas

zu reiſen beabſichtigen, ſollten zur Ueberfahrt die Dampfer des

„Norddeutſchen Lloyd"

in

Bremen

benutzen. Sie erreichen damit ihr Ziel am **ſchnellſten,** wenn ſie

von **Bremen** über **New-York,**

am **billigſten,** wenn ſie

von **Bremen** über **Baltimore**

fahren.

Auf beiden Wegen ſind in Bremen directe Billets bis an den Beſtimmungsort zu erhalten. Ueber die Höhe der Fahrkoſten, ſowie über Alles, was ſonſt auf die Reiſe Bezug hat, ertheilt Auskunft

Die Direction
des
„Norddeutſchen Lloyd"
in Bremen.

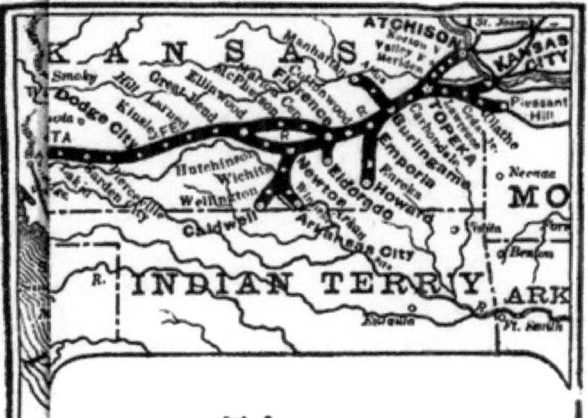

Karte

der

Atchison-, Topeka-

und

Santa Fé-Eisenbahn

und ihrer Verbindungen.